Die Schwaben und die Republik

Felix Huby   Hans Münch

Die Schwaben und die Republik

So semmer halt!

Illustrationen von Peter Ruge

belser

Inhalt

Der Schwabe ist (nur) der Sündenbock

Prenzelberg, det is wie New York

Teufelskerle, diese Schwaben!
Ungehobelt sind sie alle
Und von grobem Schrot und Korn. Aber in den eck'gen Köpfen
Ist viel Weisheit aufgespeichert.

VICTOR VON SCHEFFEL

Als in Stuttgart die Bürger gegen den Ausbau des Hauptbahnhofs auf die Straße gingen, rieben sich viele Menschen in ganz Deutschland überrascht die Augen. Die Demonstrationslust im „Ländle" hatte sich bis dahin stets in Grenzen gehalten. Der Schwabe demonstriert – so der Journalist Ulrich Kienzle – seit langen Zeiten „am liebsten in Festumzügen, als Narr der schwäbisch-alemannischen Fasnacht zum Beispiel. Da ist alles geregelt." Und auf einmal platzt den Schwaben der Kragen. Für viele war das Projekt schlicht größenwahnsinnig und – das vor allem – zu teuer. Zudem munkelte man, der Untergrund könne sich verändern. Die berühmten Stuttgart-Bad Canstatter Mineralquellen (nach Budapest weisen sie die mächtigste Schüttung in ganz Europa auf) könnten versiegen, ja es könne zu Einbrüchen im Gestein kommen, sodass womöglich so manches Einfamilienhäusle in Halbhöhenlage in der Gefahr sei, plötzlich in einen Krater abzusacken. Die Protestbewegung fegte die schwarz-gelbe Regierung weg. Der sanfte Gymnasiallehrer Winfried Kretschmann wurde Ministerpräsident und gewinnt seitdem unaufhaltsam immer mehr Sympathien bei den Badenern und Schwaben.

Die Rebellion gegen Stuttgart 21 sollte das traditionelle Bild vom spießigen Schwaben gründlich verändern. „Jetzt war der ‚bhäbe‘, trollingerselige, Maultaschen mampfende Biedermann plötzlich zur Demonstrationsfurie geworden“, schreibt Kienzle.[1] Ein Polizist beschwerte sich bei seinem Vorgesetzten: „Ich hol grad mit meinem Schlagstock aus, das steht mei Tante Lina vor mir – mittla dren in dem Sauhaufe.“ Plötzlich galt die urschwäbische Maxime „Aushalten, Haushalten, Maul halten“ nicht mehr.

Tötet Schwaben!

Um die gleiche Zeit wurde auch in Berlin demonstriert. Durch die Prenzlauer Allee und über die Knaackstraße zogen Bewohner des Viertels zum Kollwitzplatz mit Plakaten, auf denen zu lesen stand: „Nach Stuttgart 634 km“, „Wir sind ein Volk, ihr seid ein anderes“ und „Schwaben nach Schwaben! Wir haben genug von euch Kehrwöchnern!“ Immer wieder skandierten die Demonstranten „Schwaben raus! Schwaben raus!“ Im Spätherbst 2012 gründete sich gar eine Gruppe mit dem Namen „Totaler Schwabenhass“ (TSH). Die Mitglieder sprayten Parolen wie „Schwaben abschlachten“ und „Tötet Schwaben“ an die Hauswände im Prenzlauer Berg.

Und dann fand die Antischwabenbewegung auch noch in Wolfgang Thierse einen prominenten Sprecher, als der sich aufregte, dass man in seinem Kiez statt Schrippen Weckle anbot.

Die schwäbische Brezel ist längst heimisch in Berlin, auch wenn sie oft nach durchfeuchteter Pappe schmeckt, sobald sie älter als eine Stunde ist, und wurde deshalb von Thierse nicht erwähnt.

Ein Sturm ging durch Deutschland, als ob wir keine wichtigeren Themen hätten. Dass es zu dieser Aufregung kam, hat freilich Gründe, die man nicht in der nächsten Bäckerei oder beim samstäglichen Kehren des Bürgersteigs suchen muss.

Prenzelberg, det is wie New York!

Nach der sogenannten Wende änderte sich alles in Berlin. Die Stadt hatte jahrzehntelang bezahlten Urlaub vom Kapitalismus gehabt und dabei gut gelebt. Sie ließ sich genüsslich vom Bund und den Ländern subventionieren. Im Osten verfiel derweil fast die ganze Infrastruktur. Häuser verkamen, weil die niedrigen Mieten nicht genug einbrachten, um auch nur die notwendigsten Instandhaltungsarbeiten zu machen. Das Gleiche galt für Straßen und die öffentlichen Verkehrsmittel. Kaufen konnte man nur, was gerade angeboten wurde. (Unvergessen die Anekdote: Ein Ostberliner fragt in einem Kaufhaus: „Haben Sie keine Anoraks?" Antwort: „Keine Anoraks gibt's im Erdgeschoss, hier, im ersten Stock, haben wir keine Trainingshosen!")

Plötzlich war alles anders. Das vereinigte Berlin übte eine ungeheure Anziehungskraft aus. Der Schriftsteller Jakob Arjouni beschrieb eine Facette des Umbruchs so: „Illusionsneurose! Metropole, Großstadt, internationales Flair – die Leute kommen aus Kleindingsda, haben sich die große Welt vorgestellt und hocken jetzt Hermannstraße Hinterhaus. Dann werden sie Säufer oder schwul, quälen sich in absurde Klamotten, lernen die Namen sämtlicher Barkeeper auswendig – und das alles nur, damit es, wenn die Cousine zu Besuch kommt, heißt: ‚Ick zeig dir 'n Prenzelberg, det is wie New York!'"

Aber nach dieser ersten Welle kam die zweite. Leute, die es in die Metropole Berlin zog, die sich aber so etwas vorstellten wie Paris Saint Germain oder die Via Veneto in Rom. Das waren Westbürger mit Geld und einer Nase für gute Geschäfte. Sie kauften sich ein, investierten in Immobilien und suchten für sich selbst die spannendsten Wohnlagen aus. Manche zogen nach Kreuzberg, viele aber siedelten sich am Prenzlauer Berg an. Inzwischen ist Friedrichshain ein angesagter Bezirk und grade wird auch Nordneukölln gentrifiziert. Die Berliner Neubürger wollten beides: das wilde Leben einer brodelnden Hauptstadt mit ihren zahllosen Theatern, Clubs, Diskotheken, Kabaretts, Edelrestaurants und urigen Kneipen. Aber gleichzeitig wollten sie auch luxuriös wohnen und rundum Sauberkeit und Sicherheit. Die großen Berliner Wohnungen wurden entkernt und total renoviert. Die Menschen, die bislang in den Häusern gewohnt hatten, wurden nach und nach verdrängt. Schmerzlich mussten sie erfahren: Wer Geld hat, hat die Macht. Billigen Wohnraum gibt es in den von ihnen bevorzugten Vierteln kaum mehr. Dass nicht alle Neubürger aus Schwaben kamen, wird bei der Schwabenhatz am Prenzelberg übersehen. Die Württemberger müssen für alle herhalten, die sich in Berlin Mitte breit machen, egal ob es Rheinländer, Westfalen, Franken, Bayern, Schweizer oder Österreicher sind. Der Schwabe leidet pars pro toto!

Man kann Wolfgang Thierse schon verstehen. So viele Fremde treiben sich in seinem Revier herum. (Er selbst stammt übrigens aus Breslau!) Und viele von ihnen sind nun auch noch hier sesshaft geworden. Sie haben Hunderte von Millionen investiert, mit denen ganze Straßenzüge saniert wurden. „Aber", schreibt Reinhard Mohr in der Zeitschrift *Cicero*, „ich kann mich überhaupt nicht erinnern, auf der Straße überhaupt je den schwäbischen Dialekt gehört zu haben – dafür aber ganz viel Spanisch und Italienisch, Französisch und Englisch. Apropos Straße: Auch von der Einführung der schwäbischen Kehrwoche ist hier so wenig zu sehen wie von korrekter Steuermoral in Griechenland. Im Edeka sehe ich Sophia Thomalla auf High Heels vor dem Milchregal, und auf dem Wochenmarkt begegnet mir Jürgen Trittin aus Göttingen. Letztens spazierte Alfred Biolek (Migrationshintergrund Köln) vorbei. Am Samstagnachmittag vereinen sich alle vor dem Irish Pub in der Husemannstraße, um Bundesliga zu gucken. Dann hört man viele Fachsimpeleien auf Berlinerisch, nicht nur von Hertha- und Eisern Union-Anhängern. Multikulti lebt!"

* * *

Und wieder einmal ziehen die Anti-Schwaben-Demonstranten mit ihren Spruchbändern und Plakaten um die Häuser im Prenzlauer Berg. Eine gut aussehende Schwäbin tritt den Schreihälsen entgegen. Sie kann ihre Herkunft nicht verleugnen und bietet frische Brezeln aus einem Korb an – selbst gebacken! „Hunger hätt ick ja...", sagt einer der Demonstranten.

„Aber dit sind schwäbische Brezln!", wendet ein Kumpel ein.

„Des will i moina! Original ond no warm!", ruft die schwäbische Verkäuferin.

„Geh mir weg", schreit einer der Demonstranten. „Wir kaufen nicht bei Schwaben!"

Da betritt ein zierlicher Mann in einem zerknautschten Anzug die Szene. „Weißt du eigentlich nicht, wo dieser Spruch herkommt?"

Der Schreihals schaut den alten Mann an. Seinen Anzug, einen Dreiteiler aus Tweed, der einmal teuer gewesen sein muss, ziert die Kette einer Taschenuhr, die im Westentäschchen steckt. Die schlohweißen Haare stehen wild vom Kopf ab. Über der Oberlippe bauscht sich ein mächtiger Schnauzbart. „He, Alter, sieh zu, dass du Land gewinnst!", zischt der Demonstrant. Aber so leicht wird er ihn nicht los. „Das hieß einmal ‚kauft nicht bei Juden', und auch damals haben uns die Krakeeler auf der Straße geraten ... – wie sagst du? – zuzusehen, dass wir Land gewinnen."

Der kleine Demonstrationszug ist ins Stocken geraten. Um den kleinen Mann bildet sich ein Kreis. „Der redet von den Nazis", sagt einer, „also von denen von damals, nicht von denen von heute." Ein Mädchen tritt näher. „Hör ma, so alt ist der doch gar nicht!"

Der alte Mann wendet sich an die Brezelverkäuferin. „Kann ich eine haben?" „Gern!" Sie reicht ihm das Gebäck und sagt: „Macht einen Euro fuffzig." Der alte Mann macht Anstalten zu bezahlen. „Wissen Sie denn, wie und warum die Brezel erfunden wurde?"

Die junge Frau schüttelt den Kopf.

„Ums Jahr 1255 hat sich ein Bäcker in Urach (heute Bad Urach) dem Herzog Ulrich gegenüber unbotmäßig benommen. Er hat ihn laut zum Teufel gewünscht, und dem Herrscher ist das zu Ohren gekommen. Der Bäcker wurde zum Tod verurteilt."

„Kann der Typ nich ma uffhören, seine Stories zu erzählen?!", raunzt der junge Mann, der den Erzähler schon zuvor angeschnauzt hat. Aber ein Kumpel herrscht ihn an. „Lass doch mal, Mann, ist doch interessant!"

„'n Märchenerzähler mitten aufem Kollwitzplatz. Ich glaub, ich spinne!", motzt der Angesprochene.

Aber keiner hört mehr auf ihn. Eine seltsame Faszination geht von dem kleinen alten Mann aus, der jetzt fortfährt: „Aber da der Bäcker zuvor seinem Landesherrn gute Dienste geleistet hatte und seine Frau, die ihn sehr liebte, sich vor dem Herzog auf die Knie geworfen und herzerweichend um das Leben ihres Mannes gefleht hatte, sollte der Mann noch eine Chance bekommen. ,Back einen Kuchen, lieber Freund, durch den die Sonne drei Mal scheint, dann wirst du nicht gehenkt, dein Leben sei dir frei geschenkt', soll Herzog Ulrich reimend verfügt haben. Der Bäcker hat vieles probiert und am Ende kam dabei die Brezel heraus. Ein anderer kam später auf die Idee, das Gebäck in Lauge zu tunken und unter großer Hitze knusprig zu backen." Der alte Mann wendet sich wieder an die Verkäuferin: „Was macht das?"

Die junge Frau strahlt ihn an: „Ich schenk sie Ihnen!"

Einer der Demonstranten sagt zu seinem Nebenmann: „Der Typ kommt mir irgendwie bekannt vor."

„Ja und?", gab der andere zurück, bekam aber keine Antwort.

„Was habt Ihr eigentlich gegen die Schwaben?", fragt der alte Mann in die Runde. „Bist wohl auch einer!", ruft der Krakeeler.

„Ich bin ein Weltbürger, aber ich will nicht verhehlen, dass ich in Ulm geboren wurde."

„Na also, da hammer's doch", trompetet der junge Mann.

Der alte Mann lässt sich nicht beeindrucken. „Es gibt ja die These, dass schon Adam und Eva Schwaben waren."

Gelächter brandet auf.

„Ja, wirklich. Die beiden waren doch richtige Schaffer. ‚Im Schweiße eures Angesichtes sollt ihr euer Brot verdienen‘, so oder so ähnlich sprach bekanntlich der Herr. Und ‚schaffen‘ bedeutet ja mehr als arbeiten oder malochen, es bedeute ja auch: Etwas schaffen. Auf Englisch: ‚To create‘, also etwas erschaffen, kreativ sein eben. Kein Landstrich hat mehr erfolgreiche Erfinder hervorgebracht als Schwaben.“

„Det bezweifle ick aber!“, ruft einer der Demonstranten.

Der alte Mann sieht ihm in die Augen. „Der Zweifel ist ein wichtiger Antrieb für jede Forschungstätigkeit. Zweifle ruhig, aber überprüfe deinen Zweifel, junger Freund!“

Im gleichen Moment ist der kleine, schnauzbärtige Mann verschwunden, wie er gekommen war. Aber irgendwie ist nun aus der Demonstration die Luft raus. „Ich geh nach Hause“, sagt der, der gemeint hatte, sich an den alten Mann erinnern zu können. „Ich muss endlich in meinem Physikum ein Stück weiterkommen!“

✶ ✶ ✶

Es ist viel zu einfach, die Schwaben als Sündenböcke abzustempeln, nur weil in Berlin so vieles schief läuft. Tyll Schönemann, eine Zeit lang leitender Redakteur des Magazins *Stern*, heute freier Autor in Berlin, hat einen anderen Blick auf die Stadt und ihre Probleme: „In keiner vergleichbaren Großstadt Deutschlands ist der Kitt des gesellschaftlichen Zusammenhaltes so brüchig wie in Berlin, in keiner Stadt gibt es weniger Gemeinschaftsgefühl … Die Stadt ist einfach derart groß, dass es von allem zu viel gibt, weit über ein erträgliches Maß hinaus. Es gibt zu viele rechtsradikale Arschlöcher und zu viele linksradikale. Es gibt zu viele Arschlöcher mit Migrationshintergrund, die Respekt von jedem verlangen, ihn aber niemandem entgegenbringen. Es gibt zu viele Reiche, zu viele Arme, zu viele Verrückte, zu viel Schmerz, zu viel Glamour. ‚Nichts im Übermaß‘, riet schon vor 2500 Jahren der Athener Politiker Solon seiner Stadt und seinen Menschen, wenn sie glücklich leben wollten … Es war ja mal schön hier in der Aufbruchzeit“, meint Schönemann. „Aber wenn die Zeit des Aufbruchs kein Ende nehmen will und wenn man nicht im Geringsten ahnen kann, wo er überhaupt hinführen soll, muss man selbst aufbrechen.“

Viele Berliner werden Tyll Schönemann zustimmen, müssten dann aber auch einsehen, dass die Schuld an solchen Entwicklungen nicht einfach den Schwaben aufgeladen werden darf. So einfach sollte es sich niemand machen, und trotzdem tun dies viele Berliner.

Bei einem Besuch in Leipzig entdeckten wir Autoren dieses Buchs an einer Bushaltestelle vor dem Hauptbahnhof ein riesiges Graffito auf einer ansonsten leeren Plakatwand „Schwaben zurück nach Berlin“. Da mussten wir dann schon wieder herzlich lachen, wir armen Sündenböcke aus dem Schwabenland.

Mir hent koi Geld, des liegt uf dr Bank

Sach bleibt Sach

Ist der Schwabe wirklich so geizig, wie alle von ihm glauben? Wird er deshalb auch immer wieder Opfer seines Geizes? Nein! Er will nur sein Geld nicht zum Fenster rauswerfen! „Geiz ist die hässliche Schwester der Sparsamkeit", und Sparsamkeit gilt landläufig als Tugend, die wir sogar den Griechen und Spaniern nachdrücklich ans Herz legen. Und das tun nicht nur wir Schwaben. Der Bundesfinanzminister ist Badener.

Natürlich – es gibt viele Geschichten über die sprichwörtliche schwäbische Sparsamkeit. So ist zum Beispiel die Anekdote durchaus authentisch, in der ein Hausbesitzer seine Mieter bittet, die Treppe links rauf und rechts runter zu gehen, damit sich die Mitte nicht so abnütze. Und als ein Mann, dessen 89-jährige Tante gestorben war (Kommentar: „Da ischt d'Hebamm au nemme dra schuld!"), eine Urne für deren Asche aussuchen musste und sich für eine aus Glas entschied, weil diese die billigste war, hat er das so begründet: „Die nemme mr, d'Tante Lina hat scho zu Lebzeite am liebschte zom Fenschter naus guckt!" Das soll auch derselbe gewesen sein, der seinem Neffen, als der konfirmiert wurde, eine Taschenuhr aus dem Familienerbe vermachen wollte. Als ihn seine Frau daran erinnerte, dass da „der kleine Zeiger immer am Achter hange bleibt", soll er geantwortet haben: „No muess mr se halt vor de Achte verschenka!"

Einer der berühmten Dreierwitze geht so: Ein Berliner, ein Bayer und ein Schwabe sitzen in einem Biergarten. Plötzlich landet eine Fliege im Bierkrug des Berliners. Angeekelt ruft er die Bedienung und bestellt ein neues Bier. Kurz darauf landet eine Fliege im Bierkrug des Bayern. Der fischt das Insekt heraus und trinkt genüsslich weiter. Und weil es zu solchen Witzen gehört, hat plötzlich auch der Schwabe eine Fliege in seinem Bier. Mit spitzen Fingern holt er sie heraus, hebt sie vor die Augen und schreit sie an: „Spuck's aus! Aber älles!"

Die Geschichte, dass ein Schwabe, der in eine Gletscherspalte gestürzt ist und nach Stunden von der Bergwacht gerettet werden soll, auf den Ruf von oben: „Hier ist die Bergwacht und das Rote Kreuz" gerufen habe, „Mir gebet nix!", ist von böswilligen Nachbarn der Schwaben frei erfunden worden.

Besonders hinterhältig ist die Legende, Schwaben seien Schotten, die wegen ihres Geizes aus Britannien vertrieben worden seien. Und der Fabrikant, über den gesagt wurde, er drehe jeden Pfennig, den er ausgeben müsse, so lange um, bis ein Kupferdraht daraus geworden sei, stammte aus Böhmen und hatte erst später eine Fabrik in Blaubeuren.

Ein junger Mann, der, wenige Jahre nach dem Zweiten Weltkrieg, sein Studium in Tübingen begann, hatte mit Glück ein kleines, schmales Zimmer bei einer urschwäbischen Vermieterin gefunden. Sie ging jeden Morgen schon vor dem Frühstück einkaufen. Der Studiosus bat sie, ihm jeweils ein Weckle und 50 Gramm Wurst mitzubringen. Kurz vor Weinachten legte sie ihm ein Kuvert mit 34 Mark auf den Tisch. Völlig perplex fragte der junge Mann: „Wo kommt denn des Geld her?" „Ha", antwortete die Vermieterin, „ich hab statt dene 50 emmer bloß 30 Gramm kauft, und was ich dabei g'spart hab, auf die hohe Kante g'legt. Sie habet 's ja gar net g'merkt. Und es ist doch ganz schö was zamme komme!"

Die Schwaben haben freilich die Sparsamkeit nicht für sich gepachtet und den Geiz schon gleich gar nicht. Es gibt überall Geizhälse! Auch in Berlin, Hamburg, München, Korschenbroich – und sogar in Frankreich, dem Land der Lebenskünstler! Warum hätte sonst Molière dort den *Geizigen* geschrieben, den übrigens Thaddäus Troll wunderschön ins Schwäbische übertragen hat: „Schöne Mädle werdet wüeschte Weiber, Sach bleibt Sach!", so eines der Zitate daraus, oder „Von de Reiche kann mr 's Spare lernen, von de Arme 's Koche!"

Der exemplarische Geizhals, den Thaddäus Troll in seinem Stück *Der Entaklemmer* geschaffen hat, ist nur ein schwäbisches Pendant zu Monsieur Harpagon, jenem Franzosen, der in Molières Werk *L'avare* („Der Geizige") die Hauptrolle spielt. Also kann niemand sagen, der Geiz sei nur eine schwäbische Eigenschaft.

In Trolls Version heißt der Geizige Karl Knaup. Schon kleine Gesten und Sätze verraten ihn. So sagt er, als einmal ein Trinkgeld fällig ist: „I dät dir ja gern was gebe, aber es ischt mir oms Geld!" Und wie er von den anderen gesehen wird, zeigt am besten der Ausbruch seines Dieners Gottlieb, als der wieder

einmal von seinem Chef fälschlicherweise des Diebstahls be-
zichtigt wird: „Dr Teifel soll de Geiz ond älle Geizhäls hole …
älle, wo so bhäb sent, dass se en Furz verhebet, bis zwoi draus
werdet."

Der Fabrikant Knaup, der überraschend zu zehntausend Ta-
lern kommt, ist seinerseits ganz verzweifelt, weil er nicht weiß,
wohin damit. Soll er's bei einer Bank anlegen? Aber die hat
schon sein ganzes Vermögen. „Wenn bei dera amol was passiert,
no isch älles auf oimol he!", jammert er. Als hätte er die Ban-
kenkrise 2008 im Jahr 1875, in dem die Geschichte spielt, schon
vorhergesehen. Soll er Aktien kaufen? „No goht mir's wie dem
Hurlebaus. Der hot em letzschte Johr Wirttebergische Ver-
einsbank zu hondertfuffzig kauft, ond jetzt send se no ganze
hondertdreiadreißig wert. Wenn mir so a Bschiss passiert wär,
tät i me glatt uffhänge. En da Kassaschrank schließe? Aber des
nitzt au nix meh. Heutzutag nehmet die Schpitzbuaba jo de
ganze Kasseschrank mit!" Und dann kommt der große Seufzer,
den man auch heute noch von so manchem Schwaben hören
kann: „Oh, die arme Leit wisset gar net, was die Reiche für
Sorge hent."

Freilich: Was andere Geiz nennen, ist oft auch nur schiere
Vernunft. Wenn man in Schwaben auf dem Land sein Häusle
baut, helfen alle zusammen – einer der Gründe übrigens, warum es so wichtig ist, im Gesangsverein, im Sportverein, im
Musikverein oder im Schwäbischen Albverein zu sein. Gemeinsam ist man halt immer stärker. Man könnte auch sagen, eine
Hand wäscht die andere und billiger wird's auf diese Weise
sowieso. Ein richtiger Schwabe würde sich auch so verhalten,
wenn er das Geld hätte und sein Haus problemlos schlüsselfer-

tig bei einem Bauunternehmer bestellen und bar bezahlen könnte.

Übrigens das nur nebenbei: Im Saarland haben prozentual mehr Leute Haus- und Grundbesitz als in Baden-Württemberg, und im armen Stadtstaat Bremen ist die Sparquote pro Person höher als in Schwaben.

Es gibt überall Sotte und Sotte

Das mit den geizigen Schwaben ist also oft nur ein Vorurteil. Man unterstellt ihnen, sie würden so einladen: „Kommet nachem Kaffee, dass ihr zum Nachtessa wieder dahoim sei könnet." Das stimmt einfach nicht. So erzählte ein in der Bundeshauptstadt lebender Schwabe: „Neulich war ich bei einem echten Berliner eingeladen. Der hat eine halbe Flasche Weißwein aus seinem Kühlschrank geholt, hat mir a bessere Bodedecke in an Achtelesgläsle eingeschenkt, die Flasche hat er dann wieder zugekorkt und in den Kühlschrank zurückgestellt. Zum Essen gab's ein paar Kekse, deren Verfallsdatum irgendwann kurz nach der Fußballweltmeisterschaft 1954 in der Schweiz gelegen haben muss. Die Flasche aus dem Kühlschrank hat er kein zweites Mal geholt."

„Eine Woche später war ich in Tübingen eingeladen, und als ich nach der dritten Flasche Trollinger mit Lemberger, gröschtete Maultasche mit Salat und einem leer gegessenen Holzbrett voll Rauchfleisch und Bauernbrot gehen wollte, hat mein Gastgeber – Schwabe in der 16. Generation – gesagt: ‚Komm, mir machet no a Fläschle auf, und mei Frau bringt jetzt da Käs. Du wirsch doch ned hongrig ond durschtig vom Disch aufschtande wella?!'" Der Gast hätte sicher in Berlin auch diese Erfahrung machen können und umgekehrt hätte er natürlich auch in Schwaben auf einen echten Entaklemmer treffen können. Das beweist aber nur: Es gibt überall Sotte und Sotte, auch wenn's bei uns in Schwaben vielleicht doch a paar mehr Sotte als Sotte gibt.

Und bei de Sotte gibt's dann noch besonders geschäftstüchtige, die überall versuchen, einen Vorteil herauszuschlagen. Ein wohlhabender Weinhändler ging vor seiner Hochzeit zum einzigen Blumenhändler am Ort und bot ihm einen Deal an: „I han Angscht, mir kriaget zu onserer Hochzeit viel zu viel teure Bluame. Machet mr 's doch so: Schicket Sie dene Leut die Rechnung ond mir koine Bloama, und dann machet mir halbe halbe."

En Backstoikäs ond en Bibelspruch!

Gebhard Müller, der einstige Ministerpräsident von Baden-Württemberg und spätere Präsident des Bundesverfassungsgerichts (1900–1990), wurde oft als besonders sparsam, also bhäb beschrieben. Er gilt als Erfinder der halben Brezel für Empfänge, und von ihm soll auch die Order gestammt haben, das Salz von den Brezeln zu reiben, damit die Gäste nicht zu viel Durst kriegten, weil sie dann den Getränken zu exzessiv zugesprochen hätten. Über Gebhard Müller erzählte man sich zu seiner Zeit als Verfassungsgerichtspräsident, ihm sei der Verbrauch von Klopapier in seiner Behörde zu hoch erschienen. Deshalb habe er entschieden, dass jeder Mitarbeiter seine Papierrolle im Büroschrank aufzubewahren und zur jeweiligen Verwendung mitzunehmen habe. Auf der Toilette gab es kein frei zugängliches Papier mehr. Das endete erst, als der Bundesjustizminister einmal zu Besuch war und auf den Korridoren immer wieder Richtern, Staatsanwälten und deren Mitarbeitern mit einer Klorolle unter dem Arm begegnet war.

Aber so etwas gab es nicht nur in den Sechzigerjahren in Karlsruhe. Im Juli 2011 entschied sich die Leitung des Landeskriminalamtes (LKA) Thüringen zu einer Großfahndung, nachdem immer wieder Toilettenpapier verschwunden war, und zwar in der Außenstelle des LKAs in Waltersleben bei Erfurt. Um den Klopapierdieb zu fassen, setzten die Fahnder Warensicherungsetiketten und eine dazugehörige Detektorschleuse ein. Selbst vor Kameraüberwachungen scheute man nicht zurück. Die Diebe wurden dennoch nicht ermittelt. Im November wurden alle technischen Überwachungen wieder abgebaut und die Jagd auf die Klopapierganoven abgebrochen. Gebhard Müllers Methode war da ungleich effizienter und – notabene – auch wesentlich billiger.

Den Eheleuten Müller wurde auch eine Anekdote angehängt, die man sich in Württemberg schon lange vor der Präsidentschaft des Urschwaben aus Bad Waldsee erzählt hat. Ein soigniertes schwäbisches Ehepaar ist zu einem festlichen Essen eingeladen. Die Frau sagt zum Gastgeber: „Bitte für mich ein Gedeck mit Serviette, für meinen Mann eins ohne. Er ischt nämlich koin Trialer." Das schwäbische Wort „Trialer" kann man mit Suggel oder Sabberer übersetzen.

Man kann halt so manches sparen, wenn man nur ein Auge dafür hat. Das galt auch für einen Viehhändler aus Tübingen. Wenn er mit einem Bekannten essen ging, pflegte er zu sagen: „Bschtell du an Roschtbrota ond lass mi eidonka!" Zum schwäbischen Rostbraten gibt es nämlich normalerweise eine fein abgestimmte Bratensoße, die man mit einem Stück Brot wunderbar aufnehmen kann. Thaddäus Troll, der solche Geschichten sammelte, fand auch jene: Ein Schwabe war bei einem frommen, sehr wohlhabenden Landsmann eingeladen. Als ihn ein Freund später fragte: „Ond? Was hat's geba?", antwortete der: „Was wird's geba han: En Backstoikäs ond en Bibelspruch!"

Ein anderer Schwabe, der nach einem langen Abend in der Wirtschaft noch eine Flasche Wein mitnahm, die er sorgsam unter seinem Kittel, also seinem Jackett, nach Hause trug, stolperte, kaum dass er die Haustür hinter sich zugemacht hatte, und eine rote Lache breitete sich auf dem Boden aus. Da stöhnte der Schwabe: „Oh, liaber Gott, lass es Bluet sei!"

2005 war Stuttgart Gastgeber des Festivals „Theater der Welt". Im Stadtteil Berg, gleich hinter den Mineralbädern, wurde eine moderne Siedlung gebaut, die schon bald den Namen „Olympisches Dorf des Theaterfestivals" erhielt. Dort waren die Künstler aus aller Herren Länder untergebracht. Später wurde die Siedlung als preiswerter Wohnraum für Studenten, Alleinerziehende und auch für allein stehende ältere Menschen genutzt. Ein wunderbares Projekt. Dort wohnte auch eine japanische Theatertruppe. Eine der Schauspielerinnen war zu Fuß zur Straßenbahnhaltestelle „Mineralbäder" gekommen und stand nun ratlos vor dem Ticketautomaten. Ein alter Mann, in kurzen Hosen und Badelatschen, der aus dem Mineralbad Berg kam, stellte seine Sporttasche neben der jungen Frau ab und fragte: „Hascht a Problem, Mädle?" „Yes, I have a problem!" Das Wort hatte sie verstanden. „Wo willst den hin? Also … äh … wo?" Die Schauspielerin verstand auch diese Frage. „To the station". „Bahnhof heißt des." Der alte Mann drückte die entsprechenden Tasten, warf Münzen ein, zog den Fahrschein und reichte ihn der Japanerin. Die kramte in ihrer Geldbörse und fragte: „How much?" Der alte Schwabe strahlte sie an. „Nix!

You are my guescht!"

Soll keiner sagen, Schwaben könnten nicht auch großzügig sein.

* * *

Lange hat es in Berlin nur sehr wenige schwäbische Gaststätten ge-geben. Das hat sich freilich in den letzten Jahren geändert. „Hermanns Einkehr", zum Beispiel, in der Emserstraße in Charlottenburg-Wilmersdorf, wird von einem früheren leitenden Daimler-Mitarbeiter geführt, bei dem es alles gibt, was das Schwabenherz begehrt. Schmaler ist das Angebot im „Maultäschle" in der Charlottenstraße, beim Boulevard Unter den Linden gleich ums Eck. Linsen und Spätzle, Fleischkäs mit einem echten schwäbischen Kartoffelsalat und natürlich Maultaschen in allen Variationen werden dort in einem einfachen Ambiente gereicht. Sogar einen Ochsenmaulsalat kriegt man dort, den sich der Gastronom aus Schwäbisch Hall anliefern lässt.

Dort, im „Maultäschle", isst gelegentlich auch unsere Brezelverkäuferin vom Prenzlauer Berg. Es ist gegen drei Uhr nachmittags. Die Leute, die in der Mittagspause hier rasch ihren Hunger stillen, sind schon weg, die Kaffeetrinker, die den Apfel- oder Zwetschgenkuchen des Hauses lieben, sind noch nicht da.

Die Brezelverkäuferin stellt ihren leeren Verkaufskorb ab und will zur Theke, um sich etwas auszusuchen, als plötzlich eine Stimme sagt: „Das ist ja ein Wiedersehen!"

Sie hebt den Kopf und entdeckt an einem der einfachen, hellen Holztische den alten Herrn im Tweedanzug, der seinen mächtigen Schnauzbart zwirbelt und sie aus listigen Äuglein fröhlich anblitzt.

„Hallo!", sagt die junge Frau überrascht.

„Setzen Sie sich doch zu mir", erwidert der Alte. „Ich darf Sie einladen. Dann kann ich mich für die Brezel von neulich revanchieren."

„Typisch", sagt die Brezelverkäuferin.

„Was ist typisch?"

„Wir Schwaben fühlen uns immer verpflichtet, uns zu revanchieren, wenn uns jemand mal eingeladen hat."

Der Mann im Tweedanzug lacht. „So semmer halt!" Das ist einer der Sprüche, die ich mitgenommen habe, als ich Deutschland verlassen habe.

Die junge Frau setzt sich an den Tisch, und ihr Gegenüber sagt: „Darf ich Sie nach Ihrem Namen fragen?"

„Miriam Eisele. Und wie heißen Sie?"

„Albert... Albert genügt."

„Dann müsset Sie aber auch Miriam sage!"

Der Mann hebt sein Henkelglas, in dem ein heller Rotwein schimmert. „Mit Vergnügen, Miriam. Was darf ich für Sie bestellen?"

„Nix so Teures halt!"

Albert lacht belustigt. „Machen Sie mal. Es trifft keinen Armen!"

„Dass Sie das zugeben!" Miriam ist bemüht, bei der Schriftsprache zu bleiben.

„Sie meinen, weil ich doch auch Schwabe bin?"

„Ja."

„Kennen Sie den Satz: ‚Ein richtiger Schwabe tut so, als sei er arm, aber er ist beleidigt, wenn's die anderen glauben.'"

Miriam schüttelt den Kopf. „Den hab ich noch nie g'hört."

„Stammt von Manfred Rommel, dem ehemaligen Stuttgarter Oberbürgermeister."

„Den Spruch muss ich mir merken", sagt Miriam, und meinem Onkel erzählen. Also mein Onkel Eberhard wohnt in Geislingen –

Geislingen an der Steige. Und er ist koi Armer. Also mein Onkel Eberhard sagt immer: ‚Woisch, wo i mei Geld her han? Vom nicht Ausgeben.‘"

Albert nickt. „Neudeutsch heißt das: ‚Geiz ist geil‘, oder?"

„A saublöder Schpruch!", entfährt es Miriam und Albert gibt ihr Recht.

„Mein Onkel sagt dann auch immer noch: ‚'S Lebe könnt ja so schee sei, aber es ischt halt z'teuer.‘"

„Ja, ja, so freudlos kann es sein, wenn jemand immer nur auf sein Geld schaut. Haben Sie denn was gefunden?"

„Des Scheuffele mit Kartoffelsalat dät ich nehme."

„Dann nehme ich das auch." Albert winkt der Bedienung und überredet Mariam, den gleichen Trollinger zu bestellen wie er selbst.

„Weil wir grad dabei sind", Miriam beugte sich weit über den Tisch und fährt leise fort. „Mein Cousin schafft beim Südwestrundfunk in Stuttgart, Abteilung Landesnachrichten. Er hat bei einer Recherche mal einen Oberförster im Schwäbischen Wald kennen gelernt. Kennet Sie den Schwäbische Wald?"

„Also wenn ich ehrlich bin…"

„Machen Sie sich nichts draus, den kennt kaum jemand. Das ist die Gegend um Murrhardt und Mainhardt, also von Backnang aus Richtung Hohenlohe. Wunderschön, aber d'Leut fahret halt lieber in den Schwarzwald oder auf die Schwäbische Alb."

„Und was ist nun mit Ihrem Oberförster?"

„Ach so, ja. Der hat zu meinem Vetter gsagt: ‚Wenn Sie mit ein paar Kollegen Mitte Dezember zu mir nach Großerlach kommen, können sich alle ihren Weihnachtsbaum in meinem Revier aussuchen und selber schlagen. Für Kinder ist das immer was Besonderes.‘"

Albert nickt. „Hört sich gut an!"

Miriams Wein wird serviert, und die beiden trinken sich zu. Die junge Frau setzt ihr Glas ab und fährt fort: „Ich hab auch mit dürfe. Gfahre sind mir am vierten Advent. Wir waren 22 Leut in sechs Autos. Traumhaftes Wetter, und im Schwäbischen Wald lagen 50 Zentimeter Schnee. Der Meter Tannenbaum sollte nur 50 Cent kosten."

„Da kann natürlich kein Schwabe nein sagen", wirft Albert amüsiert ein.

Miriam nickt. „Wir sind lange durch den Tannenwald gestapft. Zwischendurch gab es Glühwein aus Thermoskannen und belegte Brote, die mein Cousin und seine Frau gemacht hatten. Danach sind wir in einen sehr schönen Landgasthof und haben wirklich gut gegessen. Erst ziemlich spät am Abend sind wir zurückgefahren."

Sie nimmt wieder einen Schluck aus ihrem Glas.

„Schöne Geschichte", sagt Albert. „Und wo ist die Pointe?"

„Mein Cousin hat ausgerechnet: 110 Kilometer mit dem Auto. Benzin ungefähr 15 Euro. Der Glühwein und die belegten Brote, 12 Euro. Der Baum, 1 Euro. Essen für ihn, seine Frau, die beiden Kinder, und mich hat er auch eingeladen: 74 Euro 20. Summa summarum: 102 Euro 20!" Und dann hat er gesagt: „Du glaubscht gar net, was ein Schwabe ausgibt, wenn er was spare kann!"

Albert klatscht in die Hände. „Wunderbar. Einfach wunderbar. Ja, ja, so semmer halt."

Das Scheuffele mit Kartoffelsalat kommt und eine Weile essen die beiden schweigend. Schließlich hebt der ältere Herr den Kopf, tupft mit seiner Serviette die Lippen und die Spitzen seines Bartes ab und sagt nachdenklich: „So ist das mit den Vorurteilen, nicht wahr? Wenn sie einmal in der Welt sind, entkommt man ihnen nur noch schwer. Es ist ja auch so einfach, sich in der Ablehnung anderer Menschen oder ganzer Gruppen einig zu sein. Da kommt so ein wohliges Gemeinschaftsgefühl auf. Man gehört zur Mehrheit. Dadurch ist man selber geschützt und kann sich einbilden, man gelte was. Und wenn man gar noch gemeinsam auf andere hinunterschauen kann, erhebt einen das selbst."

„Darüber hab ich noch nie nachdenkt." Miriam schiebt den leeren Teller von sich und legte behutsam das Besteck hinein.

„Wenn Sie einmal zu einer Minderheit gehört haben …" Albert unterbricht sich und hebt sein leeres Glas, um der Bedienung zu signalisieren, dass er noch eins möchte. „Sie müssen das ja doch auch spüren. Als Schwäbin gehören Sie hier in Berlin zu einer Minderheit."

„Ja, schon. Aber das ist ja nicht so schlimm, wie wenn ich aus dem Kosovo wär oder gar eine Roma aus Rumänien."

„Sehen Sie. Es gibt da sogar noch Abstufungen."

Miriam wird die Unterhaltung ein wenig unheimlich. „Ich muss dann weiter", sagt sie unvermittelt.

„Schade", Albert scheint ihren raschen Aufbruch ehrlich zu bedauern.

„Und vielen Dank auch für das Essen und den Wein."

Er lächelt. „Revanchieren müssen Sie sich nicht. Aber ich gebe Ihnen noch einen Witz mit, den wir als kleine Buben in Ulm über die Berliner gemacht haben."

„Ach, das hat's gegeben?"

„Ja, sicher. Also: Immer wenn ein Langholzlastwagen mit besonders langen Baumstämmen vorbeifuhr, haben wir gerufen: ‚Weischt was da draus gmacht wird? Zahnstocher für Berliner!'"

Wer selber putze muss, macht wenig Dreck

Die Kehrwoche – der schwäbische Zen-Buddhismus

Weil dui Pardei
Für Ordnung ischt
Ond für budzde Fenschder
Ond für ausgwäschene Kudderoimer,
Dua i mei schdaadsbürgerliche Bflicht
Ond gang zur Wahl
Ond kriagt dui Partei mei Greizle.
GEDICHT VON HELMUT PFISTERER

Es gibt noch immer Vermieter beziehungsweise Frauen von Vermietern oder selbstständige Vermieterinnen in Schwaben, die am Abend, bevor der Mieter seine Kehrwoche zu machen hat, heimlich ein Blättle von einem Baum oder Busch auf die Treppe legen, um anderntags zu kontrollieren, ob denn auch tatsächlich geputzt worden ist. Es gibt freilich auch clevere Mieter, die das Blatt wegnehmen, höchst genau und sauber putzen, um dann das Blatt wieder hinzulegen. Für solch ein Verfahren sollte man aber einen unabhängigen Zeugen haben; denn in aller Regel sieht man meist keinen Unterschied zwischen vorher und nachher, weil halt jeder im Haus bemüht ist, das Treppenhaus möglichst klinisch rein zu halten.

Einmal hat eine schwäbische Hausfrau zu einer neu eingezogenen Mieterin aus Hannover gesagt: „Wisset se, bei ons isch
es überall so sauber, da könnet Se vom Bode essa!"

„Also wir essen nicht vom Boden", hatte die neu Hinzuge-
zogene pariert.

Zur Kehrwochenpflicht gehört auch das Reinigen von Trottoir und Kandel, also der Straßenrinne und 60 Zentimeter Straße
ab Bordsteinkante. Es soll Vermieter, aber auch Nachbarn geben,
die den Straßenstreifen mit dem Meterstab genau nachmessen.

Natürlich sind das Auswüchse. Dennoch ist die Kehrwoche
eine durchaus segensreiche Einrichtung.

Let's putz

Dieter Kosslick, Leiter der Berlinale, stammt aus einem kleinen
Dorf bei Pforzheim, das allerdings schon zu Schwaben gehört.
Im ZEIT-Magazin erzählte er: „Schwaben ist das Land, in dem
es immer noch die Kehrwoche gibt. Meine Cousine hatte drei
Staubsauger, darunter einen für die Straße. Jeden Samstag knien
da die Leute am Boden, um das Trottoir zu säubern." Und dann
kommt der Chef des Filmfestivals zu einer wunderbaren Deu-
tung: „Das ist schwäbischer Zen-Buddhismus. Denn die äußere
Ordnung gibt dem aufrechten Schwaben eine innere Ordnung."
Kosslick bekennt, dass ihn die Erziehung zu solchem Verhalten
ein Leben lang nicht losgelassen hat. „Ich kann es nicht haben,
wenn abends etwas Unerledigtes auf dem Schreibtisch liegen
bleibt." Und dann bekennt er stolz: „Bei der Berlinale gibt es
noch andere Schwäbinnen und Schwaben, und so ist es kein
Zufall, dass die Berlinale als das am präzisesten ablaufende
Filmfestival der Welt beschrieben wird."

Doch es sind immer weniger Menschen, die auf ähnliche Weise sozialisiert wurden oder werden wie ehemals Dieter Kosslick. Das wurde schon um die Jahrtausendwende deutlich, was den damaligen Oberbürgermeister der Stadt Stuttgart veranlasste, die Aktion „Let's putz", ins Leben zu rufen. Really, gell! Jeder Bürger sollte sich für die Sauberkeit der Stadt nicht nur verantwortlich fühlen, sondern auch nach Kräften einsetzen und selbst praktisch putzend tätig werden.

* * *

Albert kommt, die Hände auf dem Rücken, den Oberkörper leicht vorgebeugt die Knaackstraße im Prenzlauer Berg herauf, überquert den Kollwitzplatz und will sich grade einen Platz an der Sonne vor dem Restaurant „1900" suchen, als ihm ein Reisigbesen zwischen die Beine fährt. Leicht entsetzt macht er einen kleinen Satz rückwärts. Er stammelt eine Entschuldigung, ehe er sich bewusst wird, dass das ja in dem Fall nicht seine Sache ist. Deshalb schiebt er nach: „Was machen Sie denn da?"

„Kehrwoch!", antwortet die Frau in mittleren Jahren, die Jeans, ein T-Shirt und darüber eine Kittelschürze trägt, mit einer auffallend rauen Stimme. Ihre Haare hat sie in ein Kopftuch eingebunden.

„Aha. Aber hier ist doch alles wunderbar sauber."

„Hä?", macht die Frau. „Typisch Mann! Stoht mittla em Dreck und sieht en net!"

„Dreck, was denn für ein Dreck?"

„Da und da und da und da – Brösele, Schnipsel, welke Blätter. Hent Se koine Auge em Kopf?"

Plötzlich fällt auch Albert ins Schwäbische: „Also mr ka au älles

*übertreibe. Wir sind doch hier net in Sindelfinge, wo die Zebrastreife
aus Marmor send."*

*Die Frau starrt ihn mit offenem Mund an und bringt schließlich
mühsam hervor: „Landsmann?"*

*„Wie man's nimmt. Auf jeden Fall bin ich mit der Kehrwoche
vertraut. Aber dass die hier in Berlin auch Vorschrift ist …"*

*„Isch se net", unterbricht ihn die Frau. „Aber wenn mr se net macht,
verkommt doch 's ganze Viertel. Außerdem hat sie einen erzieherischen
Effekt: Wer selber putze muss, macht weniger Dreck!"*

*„Klingt logisch! Aber müssen Sie denn putzen? Ich denke, hier
sorgt die Berliner Straßenreinigung, also die BSR, für Ordnung
und Sauberkeit."*

*„Da!" Die Frau kramt aus ihrer Schürzentasche ein Flugblatt
und reicht es Albert. Dann putzt sie weiter um seine Füße herum,
während er liest:*

Berlin braucht Kehrenbürger wie Sie. Packen wir's an.

Mit Unterstützung der BSR bieten wir Ihnen mit Kehrenbürger die
Plattform für Ihr Engagement in Berlin. Sie möchten Ihren Kiez
erschönern? Packen Sie mit an, egal ob Spielplätze säubern oder
Grünanlagen aufräumen, wir unterstützen Sie. Sie können auf
dem Abschnitt unten ihre Aktion anmelden Und Sie erhalten von
uns Ihr persönliches Kehrpaket. Und möchten Sie über Ihre
Aktion berichten wollen? Kein Problem! Schildern Sie Ihren Ein-
satz, nachdem Sie ihn beendet haben, auf unserer Internetseite!

*„Kehrenbürger? Was ist denn das für ein komisches Wort. Putzbürger
wär doch viel verständlicher, finden Sie nicht?"*

„Mir egal!" Die Frau zeigt auf eine Kehrschaufel und einen Handbesen. „Gebet Sie mir grad amal den Kehrwisch ond die Kutterschaufel rüber."

Albert bückt sich und reicht der Frau das Gewünschte, mit dem sie jetzt ein kleines Häufchen Dreck aufnimmt. „Sodele", sagt sie zufrieden, geht zu einem orangefarbenen Mülleimer, der an einem Laternenpfahl festgemacht ist, und kehrt den Unrat hinein. Sie kommt zurück, stützt sich auf ihren Besen und sagt: „Jetzt muss ich Sie scho frage, send Sie wirklich a Schwob? Sie klinget irgendwie au a bissle amerikanisch."

„Gut!", lobt Albert. „Beides stimmt. Kann ich Sie zu einem Kaffee einladen?"

„Ja, also..., äh..., also, i woiß net."

„Ich bin in einem Alter, da bin ich keine Gefahr mehr für Sie", sagt Albert mit einem leicht ironischen Unterton.

„Des moin i net. Es geht halt... – äh, also, wie seh ich denn aus?" Sie zieht rasch die Kittelschürze aus, löst das Kopftuch, faltet beides sorgfältig zusammen und streicht dann mit den flachen Händen das T-Shirt und die Jeans glatt.

„Gut", antwortet Albert. „Außerdem sitzen wir draußen. Wenn mr bei ons in a Besewirtschaft geht, zieht man sich ja au net extra um."

Sie setzen sich in zwei Korbstühle, Albert bestellt einen Cappuccino für sich und die Frau schließt sich an.

„Eigentlich ist die Kehrwoche ja ein Anachronismus", sagt er.

„Wieso? Und was ischt des überhaupt, ein Anachronismus?"

„Etwas, was überholt ist, was nicht mehr in die Zeit passt."

„Findet Sie?"

„Ich denke, die Putzeuphorie wird, wie alle gemeinschaftlich ausgerufenen Euphorien, schnell erlahmen."

„Könnt scho sein. Ich komm mir ja langsam au scho vor, wie überholt, wenn ich hier die Kehrwöchnerin mach."

„Sehen Sie! Auf Dauer kann das nur funktionieren, wenn man Gesetze dazu macht."

„Wär ich sofort dafür!"

„Wollen wir mal ein bisschen spekulieren und in die Zukunft schauen?"

„Wenn Sie sich das zutrauen…"

„Ich hab mir in meinem Leben schon ganz andere Sachen zugetraut", antwortet Albert mit einem leisen Lächeln. „Also gehen wir davon aus, nur was durch Paragraphen geregelt und mit entsprechenden Sanktionen belegt wird, funktioniert. Das haben die Mächtigen in Stadt, Land und Bund spätestens nach dem flächendeckenden Rauchverbot in Gaststätten begriffen. Stimmt's?"

Die Frau nickt nachdrücklich.

„Dann schauen wir mal ins Jahr 2030, und nehmen wir an, so etwa um das Jahr 2018 herum, ist das Gesetz zur Erhaltung der Sauberkeit in öffentlichen wie privaten Räumen entstanden. Überwacht wird seine Einhaltung vom Buzüs, dem Bundesamt zur Überprüfung der Sauberkeit. Dessen erster Generaldirektor wird ein ehemaliger grüner Minister der Landesregierung Baden-Württemberg aus der Zeit zwischen 2012 und 2016. Es hätte auch manch anderer Schwabe sein können; denn nirgendwo anders in Deutschland verfügte man über so viele Erfahrungen mit der Erhaltung der öffentlichen Sauberkeit."

„Wo Sie recht hent, hent Sie recht!"

„Der Durchbruch kommt mit der bundesweiten Einführung der originären schwäbischen Kehrwoche, die inzwischen auch von der Europäischen Union für alle Mitgliedsländer der EU übernommen wurde, sodass in einigen Fremdsprachen das Wort ‚Kehrwoche' ge-

nauso Einzug findet wie die deutschen Wörter ‚Umweltschutz‘, ‚Rucksack‘ und ‚Leitmotiv‘“.

„Was denn? Rucksack hoißt au auf englisch und französisch Rucksack?“

„Ja. Und im Französischen haben alle diese Wörter den Artikel
‚Le‘, also ‚le Leitmotiv‘, ‚le Rucksack‘, ‚le Umweltschutz‘“.

„Sache gibt's!“

Die Bedienung bringt die Capuccinos und dazu je ein Glas Wasser. Albert streckt die Beine von sich und lehnt sich weit nach hinten.
„Schauen wir voraus ins Jahr 2035. Seit der Gründung des Buzüs
haben die Durchführungsbestimmungen für das Gesetz zur Erhaltung
der Sauberkeit in öffentlichen wie privaten Räumen alljährlich Ver-
besserungen und Verfeinerungen erfahren. So sind zum Beispiel Tür-
klinken nach jeglicher Berührung mit feuchten Desinfektionstüchlein
abzuwischen, die es in jedem Drogerieladen im praktischen 250er-
Pack gibt. In den gleichen Läden bekommt man die sogenannten
Ritzenbürstchen, mit denen die Zwischenräume zwischen Steinplatten
oder Pflastersteinen auf Gehwegen und Straßen zu reinigen sind.
Fest installierte Wärmebildkameras zeigen sofort an, wo ein benutztes
Taschentuch oder ähnliches klammheimlich weggeworfen wurde.
Schnelle Einsatzkommandos machen die Täter Minuten nach der
Missetat schon dingfest.“

„Jessas!“, entfährt es der Frau. Sie setzt ihre Tasse hart ab. „Geht
des net a bissle weit?“

„Finden Sie?“

„Allerdings!“

„Ja, ja, der Schwabe und natürlich auch die Schwäbin haben gerne alles gut geregelt. Aber zu viel Freiheit soll man ihnen auch nicht
nehmen. Stimmt's?“

„Ja, genau. Also wenn mich einer überwache will …, des dät ich nicht zulasse!"

„Dann müssen Sie sich der Gegenbewegung anschließen."

„Was denn für eine Gegenbewegung?"

„Wo es zu strenge Gesetze gibt, erwachsen ihnen auch revolutionäre Gegner. Etwa seit Beginn der 2030er-Jahre werden die Untergrundgruppen wie Pilze aus dem Boden schießen. Sauigeln wird der neue Hype. In Clubs, die zuerst in Berlin entstehen, kann sich der Besucher in Straßenschuhen bewegen und die regelmäßig desinfizierten Pantoffeln einfach übersehen. Es wird aus nur nachlässig gespülten Gläsern getrunken, manchmal brutal nur mit Fingern gegessen, der Waschzwang nach jedem Händedruck ist nicht mehr obligatorisch. Die Betreiber garantieren, dass nur am Wochenende gründlich sauber gemacht wird. Zeugen, die in solchen Clubs zu Gast sind, sprechen von einer ungewöhnlich entspannten, freundlichen, ja heiteren Atmosphäre. Vertreter des Buzüs allerdings warnen vor einem Verfall aller Sitten und der daraus resultierenden Gefahr von Seuchen. Die totale Sauberkeit habe die Widerstandskraft der Bürger geschwächt. Wer früher ,a bissle Dreck locker weggesteckt' habe, weil sein Körper von Kind an daran gewöhnt und deshalb weitgehend immunisiert gewesen sei, lebe jetzt in der Gefahr, von Schmutzpartikeln aller Art krank zu werden."

Die Frau nickt. „Da könnt was dran sei. Und was mache mr jetzt?"

„Das war doch nur ein Gedankenspiel", sagt Albert.

„Trotzdem …!"

„Was trotzdem?"

Die Frau steht auf und richtet ein wenig mühsam ihr Kreuz gerade. „I glaub, i lass es jetzt erst amal?"

„Was denn?"

„Die Straß zu kehren. Bin i eiglade gwese?"

„Aber sicher."

„Ja, dann bedank ich mich!"

„War schön, Sie getroffen zu haben", sagt Albert und sieht überrascht, dass die Frau errötet. Dann nimmt sie Besen, Kehrwisch und Schaufel und geht über den Kollwitzplatz davon.

Oh du liabs Herrgöttle

Jetzt sei g'fälligscht glücklich,
spricht der Herr

Herr, setze dem Überfluss Grenzen
Und lasse die Grenzen überflüssig werden.
Nimm den Ehefrauen das letzte Wort
Und erinnere die Ehemänner an ihr erstes.
Gib den Regierenden ein besseres Deutsch
Und den Deutschen eine bessere Regierung.
Schenke uns und unseren Freunden mehr Wahrheit
Und der Wahrheit mehr Freunde.
Bessere solche Beamte, die wohl tätig,
aber nicht wohltätig sind.
Lass, die rechtschaffen sind, auch recht schaffen.
Sorge dafür, dass alle in den Himmel kommen,
aber wenn du willst, noch nicht gleich.
Amen!

Dieses Gebet soll ein schwäbischer Pfarrer im Jahr 1864 gesprochen haben. Wie es überliefert ist, weiß man nicht so genau. Offenbar wurde es von Mund zu Mund weitergegeben. Erst ein gewisser Chrysanth Wiedemair aus Außervillgraten hat es 1896 aufgeschrieben, konnte es aber offenbar auch nicht bis zur Quelle zurückverfolgen. Schade, denn es hat ja bis heute eine gewisse Gültigkeit. Das Gleiche gilt für ein Gebet, das lange Zeit dem kauzigen Pfarrer Friedrich Christoph Oetinger aus Murrhardt zugeschrieben wurde und das es zu einem hohen Bekanntheitsgrad brachte. Es erscheint in frommen Kalendern, gilt als Wahlspruch der „Inneren Führung" der Bundeswehr und steht in so manchem Foyer an die Wand geschrieben: „O Herr, gib mir die Kraft, Dinge, die ich nicht ändern kann, mit Gelassenheit hinzunehmen. Gib mir den Mut, zu ändern, was geändert werden muss. Und gib mir die Weisheit, das eine vom anderen zu unterscheiden."

Stolz waren wir Schwaben lange auf diese weisen Sätze des Murrhardter Pfarrers, bis ein amerikanisches Pilgergebet auftauchte, das lautet: „Oh Lord, give me the strength to accept with serenity the things that cannot be changed. Give me the courage to change what can and should be changed – and give me the wisdom to distinguish one from the other." Wer das Gebet von wem hat, ließ sich nie klären. Schön ist es trotzdem, und auf jeden Fall passt es zu der nachdenklichen, eher philosophischen Frömmigkeit vieler Schwaben.

Ach, hätte man sie doch in ihrem Glauben in Ruhe gelassen. Es wäre nicht zu der Spaltung zwischen Unter- und Oberland, zwischen Protestanten und Katholiken gekommen.

Der Schwabe aus dem Unterland gleicht seinem Wein. Zumindest hat das Thaddäus Troll immer behauptet. Er sei a bissle räs, dafür aber auch ehrlich und sauber. Im Unterschied zum Oberland, wo es nach Wiesenblumen, Käs und Heu und vor allem nach Weihrauch dufte, rieche es im Unterland nach Schweiß, Kraut, Dieselöl und Wein. Die Unterschiede kamen durch die unterschiedliche religiöse Entwicklung zustande.

Böse Zungen sagen, wo hoch die Kanzel und tief der Verstand, da ist das schwäbische Oberland. Aber das kommt von den Neidern, die den Katholiken nicht gönnen, dass bei ihnen über Jahrhunderte Lebensfreude erlaubt war, während man im

Unterland unter der Knute der strengen Pietisten gelitten hat. Die pietistisch-protestantische Leitkultur, die nach der Reformation in Teilen Württembergs die Oberhand gewann, schuf eine freudlose Welt. Zwar feierten die Herrscher wilde und teure Feste, für die Untertanen aber war Genuss die reine Sünde. Sogar die Fasnet war verboten.

Thaddäus Troll erzählt: „Ich bin zwar nicht von meinen Eltern, aber in Schule und Kirche pietistisch erzogen worden, was zu öden Strecken der Freudlosigkeit in meinem Leben geführt hat. Und noch heute ziehe ich das Genick ein, wenn es mir gut geht. Denn der Pietismus hat Gott als einen Neidhammel gezeichnet, der den Menschen durch ‚Priefungen‘ züchtigt, damit er nicht in dem geistigen oder geistlichen Wohlstand verharre...“ Und schließlich resümiert Troll: „Der Pietist lebt eher in Gottes Furcht als in Gottes Liebe. Die Demut ist sein größter Stolz.“

Die evangelische Kirche richtete durch einen Synodalbeschluss 1644 landesweit Kirchenkonvente ein, die sich rasch zu strengen Sittengerichten entwickelten. Den Vorsitz führte der Ortspfarrer, Beisitzer waren der Schultheiß und einige Gemeinderäte. Fürs Protokoll war der Schulmeister oder der Pfarrer selbst zuständig. Gnadenlos wurden Abweichler verfolgt, die die frommen Regeln nicht einhielten. Ziel war die Verbesserung der Menschen. Der Katalog der möglichen Verfehlungen war lang: mangelnder Gottesdienstbesuch, Sonntagsarbeit, Fluchen, Schwören, Zaubern, Trinken, Raufhändel und Ehezwistigkeiten. Die Menschen ertrugen die kirchliche Rechtsprechung fast klaglos. Nur in einem Punkt widersetzten sie sich. Verboten war nämlich auch „alles Zusammenschlupfen in Kunkelhäusern, Lichtstuben, Wirts- und Bäckerhäusern, auf Märkten und Tanzveranstaltungen". Überall gab es Aufpasser, die jedes Sichannähern zweier Menschen, vor allem, wenn sie noch jung waren, sofort dem Pfarrer zu melden hatten. Wörter wie Liebe, Lustigsein und Fröhlichkeit galten den Seelenhirten als Synonyme für Sünde. Sebastian Blau hat diese Sorte Pietisten auf seine Weise porträtiert:

> *Schwaaz dr Huat ond schwaaz es Fräckle,*
> *ond s Gehabe gsalbet fromm,*
> *ond e' gottergeabes Gschmäckle*
> *om de' ganze Ranze' rom.*
> *Glaubsch mrs, daß vor sotte Denger*
> *s Kreuz sogar dr Teufel schleecht*
> *Ond ob deane Stondegänger*
> *Schier katholisch weare' möcht?*[2]

Angelika Bischoff-Luithlen schreibt in ihrem kenntnisreichen Buch *Der Schwabe und die Obrigkeit*, man könne in der Causa Zusammenschlupfen durch die Jahrhunderte hindurch einen zähen und stets gleich bleibenden Kampf zwischen den Gemeinden und den Sittenrichtern verfolgen. „Nachgegeben hat im Grunde keiner. Die Bauern waren nach den entsetzlichen Kriegs- und Pestverlusten des Dreißigjährigen Krieges auf Nachwuchs angewiesen, die Dörfer wollten sich vergrößern, man brauchte Kinder und Mithelfer und wollte wissen, für wen man schaffte; die Geburtenziffer stieg auch glücklicherweise schnell, die verlassenen Höfe belebten sich, die Äcker kamen wieder unter den Pflug."[3]

Wie hart der Kampf freilich geführt wurde, erkennt man an der Tatsache, dass sowohl ledige Mütter als auch Ehepaare, bei denen der Nachwuchs früher als neun Monate nach der Hochzeit kam, sich vor dem Konvent verantworten mussten. Wenn sie die Strafe nicht bezahlen konnten, mussten sie für ein paar Tage ins „Zuchthäusle", das sich damals fast jedes Dorf zugelegt hatte. Erst 1891 wurde der Kirchenkonvent offiziell abgeschafft.

Stuttgarter Stäffele – der Weg zum Himmel

Wenn man nach einem Bild für den Pietismus sucht, dann fallen einem die 404 Stuttgarter Staffeln ein. „Oft sind sie schmal, meist steil, nicht selten überwachsen. So zwingen sie dich, Schritt für Schritt, empor, langsam, aber stetig. Ausblick gewähren sie selten von unterwegs. Der Blick bleibt gesenkt, Gelegenheit zur Muße gibt es kaum, es mahnt und drängt: Streng dich an, der oben wird dir's lohnen." So schreibt Johannes Poethen (1928–2001), der Dichter, der vom Niederrhein stammte, in Stuttgart lebte und jahrelang dem Baden-Württembergischen Schriftstellerverband vorstand.

Ja, so ist es: Im Schweiße seines Angesichts steigt man mühevoll hinauf und wenn man oben angekommen ist, darf man einen Blick auf den Himmel werfen, in den man vielleicht eines Tages gelangen kann, wenn man sich auf Erden nichts gönnt außer Arbeit und Vermehrung des Vermögens – die Stuttgarter Stäffele als Sinnbild des Pietismus sind ein schönes Bild für die schwäbischen Charakterzüge: Gottesfurcht und Geschäftssinn, Bibeltreue und Sparzwang.

Gott und Geld passen da gut zueinander. „Gott schafft, also schaffet mir au!" Literatur, Kunst, Musik – wenn es denn sein muss, wenn es fromm klingt und ausschaut und nicht ablenkt, wenn es bildet, wenn man es nach Hause tragen kann. Sonst ist es Teufelswerk", sagt Johannes Poethen. Genügsam ist er, der Schwabe im Unterland. „Lieber a Laus em Kraut als gar koi Fleisch", sagt er. Während man von einem Oberschwaben schon mal hören kann: „Die Leut mag i, bei dene mr vor lauter Fleisch des Kraut net sieht."

Aber auch der protestantisch erzogene Schwabe kann listig sein. Geschickt wahrt er die Fassade und lässt ansonsten den Herrgott einen guten Mann sein.

Maultaschen heißen in Württemberg „Herrgottsbscheißerla", weil sie einst geschaffen worden sein sollen, um an Fastentagen das Fleisch in einer Teighülle zu verstecken. In Wirklichkeit sollten sie aber nicht Herrgotts-, sondern Pfarrerbscheißerla heißen, denn mit seinem lieben Gott pflegt der Schwabe oft einen freundschaftlich-augenzwinkernden Umgang, wohl wissend, dass der ihm so manches nachsieht, was ein gestrenger Pfarrer nicht durchgehen lassen würde.

Um der Frage nachzugehen, wie es zu dieser freundschaftlichen Nähe zum lieben Gott kam, muss man ganz weit zurückzuschauen, bis zum ersten Tag, da es hieß: Am Anfang schuf Gott den Himmel und die Erde …

* * *

Zwei Menschen sitzen im Garten Eden in der Sonne. Ein Mann und eine Frau. So, wie Gott sie geschaffen hat. Er schnitzt hingebungsvoll an einer Flöte aus dem Flügelknochen eines Gänsegeiers, um seinem Instrument noch zartere, noch reinere Töne zu entlocken, während sie immer wieder aufspringt. „Du hasch zu gar nix Luscht!"

„Wie moinsch jetz des?" Er legt Flöte und Werkzeug zur Seite.

„Mir könnet doch einmal ebbes B'sonders mache, ebbes Außergewöhnliches, ganz wunderbares, etwas das in die Geschichte der Menschheit eingeht!"

„Jetzt übertreibsch aber!", brummt er. „Du hasch doch älles, kansch dir a Kränzle flechta aus Blümla, kannsch essa, trinka, schlafa wann du willsch! I woiß echt ned, wieso du so ozfrieda ond odankbar bisch!"

„Ich bin überhaupt net odankbar – im Gegeteil – ich bin froh, dass ich leb!",

„Dann isch ja alles guet!", er greift nach seiner Flöte. „Und jetz sei g'fälligschd glücklich."

„Des geht aber net! Wie kann i glücklich sei, wenn i dir nix schenka kann!"

„Du brauchsch mir nix schenka, i han älles!" Mit diesen Worten glaubt er die Diskussion beendet zu haben. Aber ihr anhaltendes Schweigen und ihr leise einsetzendes Schluchzen irritieren ihn. Er schaut auf. „Woisch was?"

„Noi!"

„I mach dir a G'schenk – jetz glei!" Er setzt seine Flöte an die Lippen, stimmt einen Ton an und setzt das Instrument kurz wieder ab: „I spiel für dich a neue Melodie, die du no nie g'hört hasch."

Ein wenig skeptisch, aber auch neugierig setzt sie sich neben ihn, hört ihm eine Weile zu, ist durchaus angetan, aber dennoch nach wie vor unzufrieden. „Irgendwie wünsch ich mir was ganz anders..."

„Ja was denn ond seit wann?"

„Seit mir den Äpfel gesse hent. Da sind plötzlich solche Wünsche und... und... solche Träum..."

„Oh je!" Ihm schwant etwas. Er hat ja auch von dem Apfel probiert, aber bei ihm setzt die Wirkung offenbar später ein als bei ihr.

„Ich will endlich wissa, zu was i auf der Welt ben!", ruft sie. Ein Blitz, der den taghellen Himmel an gleißendem Licht bei weitem übertrifft, gefolgt von einem Donnerschlag, lässt die beiden zusammenzucken und sich zitternd aneinanderklammern.

„Adam, wo bist du?" ertönt es gewaltig.

„Hier!", antwortet der Mann mit dünner Stimme.

Die Frau sagt rasch: „Herr, i ben an allem schuld. I han ihm ond eigentlich der ganze Welt obedingt a G'schenk mache wolla!"

„Dagegen ist nichts zu sagen", ertönt die Stimme des Herrn, „und was ist dabei herausgekommen?"

„Dass... dass mir klar worde isch... dass i mi bloß selber schenka ka!" Eva ist über diesen Gedanken, der ihr da gerade gekommen ist, selbst überrascht.

„Das klingt schon mal ganz plausibel", meint der Herr, „es ist zumindest eine Voraussetzung dafür, Kindern das Leben zu schenken. Dein Mann, der Adam, wird dir dabei helfen."

Und wie sie sich – immer noch zitternd vor Erregung – so aneinanderklammern, meint Eva: „Was hat der g'moint mit dem: ‚Adam wird dir dabei helfen?'"

Ein spitzbübisches Lächeln umspielt seine Lippen. „I glaub, i merk grad, was er damit moint."

* * *

2008 wurde das vermutlich älteste Musikinstrument der Welt in der Nähe von Ulm im „Hohle Fels" gefunden. Es war eine Flöte, geschnitzt aus dem Flügelknochen eines Gänsegeiers. Neben der Flöte fand man aber auch die älteste bekannte Frauendarstellung: 6 Zentimeter groß und 33 Gramm schwer, aus Mammut-Elfenbein geschnitzt – die „Venus vom Hohle Fels". Beide Funde werden datiert auf 35 000 bis 40 000 Jahre vor unserer Zeit. Was durch diesen Fund immer wahrscheinlicher wird, ist die Erkenntnis, dass Adam und Eva womöglich Schwaben waren.

Dass Gott Adam und Eva im heiligen Zorn aus dem Paradies vertrieben haben soll mit den an Adam gerichteten Worten „mit Kummer sollst du dich nähren und im Schweiße deines Angesichts sollst du dein Brot essen", konnte ja kein wirklicher Schrecken sein, wenn die ersten Eheleute der Welt Schwaben waren. Gearbeitet haben sie schon immer gern. Und der Typus hat sich erhalten bis in unsere Zeit: vital, schaffig, technisch kreativ immer mit der Frage beschäftigt, wie man etwas besser machen kann. Heute hat er einen Jahreswagen vor dem Haus und am Samstag die Heckenschere in der Hand.

Oh, du liabs Herrgöttle

Und auch der vertrauliche Umgang der Schwaben mit dem Herrn hat sich bis heute erhalten: „Grüß Gott!" Wenn ein Mensch jenseits der Mainlinie das hört, kommt allenfalls zurück: „Ich sag's ihm, wenn ich ihn seh'!"

Sind aber die Schwaben unter sich, hört man schon mal das bei weitem vertraulichere „Grüß Gottle!" oder, als Ausdruck großer Erregung, auch „Liabs Herrgöttle!" Manchmal mit dem Zusatz: „... von Biberach!" Dieser Spruch geht allerdings auf eine alte Frau zurück, die in der Kirche von Biberbach bei Augsburg (nicht Biberach an der Riss) beim Anblick einer hölzernen Jesusstatue, die von Holzwürmern zerfressen war, ausrief: „Oh du liabs Herrgöttle von Biberach, wie hent die d'Mucka verschissa!"

Der Umgang mit Gott, den viele Schwaben pflegen, hatte und hat auch heute oft noch etwas ungewöhnlich Vertrauliches. Der „Diminutiv", diese Verkleinerungsform, ist weltweit einmalig. Oder hat man je „Liabs Buddhale!" gehört, oder Liabs Allahle!"?

Jedermanns Liebling
ist jedermanns Dackel

Von Heuss bis Joschka Fischer –
Schwaben in der Politik

Auch wenn Schwaben an sich dazu neigen, ihr Licht unter den
Scheffel zu stellen, gab es schon immer welche, die es weithin
strahlen ließen. Bei manchen war das allerdings nur ein vorü-
bergehendes Strahlen, weil dunkle Schatten auf ihre Arbeit und
ihre Vergangenheit fielen.

Als Kurt Georg Kiesinger, der aus Ebingen auf der Schwäbischen Alb stammte, 1966 Bundeskanzler wurde und dies ausgerechnet in einer Koalition mit der SPD unter der Führung
des einstigen Emigranten Willy Brandt, wollten manche das
gar nicht glauben. Egon Bahr, der engste Wegbegleiter Brandts,
schreibt in seinem Buch *Erinnerungen an Willy Brandt*, das Zusammengehen mit der Union habe „den Geschmack von wi-
dernatürlicher Unzucht" gehabt. „Neben dem Emigranten und
früheren Linkssozialisten Brandt saß Kiesinger, der genauso
wie der SPD-Wirtschaftsminister Karl Schiller Mitglied der

NSDAP gewesen war. Während der Exkommunist Wehner, nun Minister für gesamtdeutsche Fragen, das Moskauer Hotel Lux überlebt hatte, war Finanzminister Franz Josef Strauß Wehrmachtsoffizier gewesen."[4]

Brandt habe sich, so erzählt Egon Bahr, in Kiesingers Gegenwart nicht wohl gefühlt und die Kommunikation mit „König Silberzunge", wie der Kanzler genannt wurde, weitgehend Herbert Wehner überlassen.

Zu dem Unbehagen des Außenministers und Vizekanzlers Brandt trug bei, dass außer dem Regierungschef viele andere mächtige Politiker und Ministerialbürokraten der vorausgegangenen Regierungen Adenauer und Erhard eine braune Vergangenheit hatten.

Kiesinger war bereits 1933 der Nationalsozialistischen Deutschen Arbeiterpartei Adolf Hitlers beigetreten und ist ihr bis 1945 treu geblieben. Er wurde 1940 im damaligen Reichsaußenministerium stellvertretender Leiter der rundfunkpolitischen Abteilung und war dort zuständig für die Verbindung zu Goebbels' Propagandaministerium. Zu seinen Zuständigkeiten gehörten auch die Sendungen des deutschen Auslandsrundfunks, wobei es hauptsächlich um Kriegspropaganda, aber auch um antisemitische Inhalte ging. Unbeschadet dessen konnte er von 1958 bis 1966 Ministerpräsident von Baden-Württemberg werden.

Als bekannt wurde, dass Kiesinger das Amt des Bundeskanzlers anstrebte, forderte Günter Grass in der FAZ vehement, dies zu verhindern. Der Philosoph Karl Jaspers und seine Frau gaben aus Protest gegen Kiesingers Kanzlerschaft ihren deutschen Pass ab, und auch Heinrich Böll schloss sich dem Protest an. Auf dem CDU-Parteitag am 7. November 1968 stürmte

Beate Klarsfeld aufs Podium und verpasste Kiesinger eine schallende Ohrfeige. Die Journalistin war bereits früher durch ihr Engagement für die Aufklärung und Verfolgung von NS-Verbrechen bekannt geworden. Sensibilisiert für dieses Thema wurde sie durch ihren Mann Serge Klarsfeld, der aus einer jüdischen Familie in Paris stammte und dessen Vater in Auschwitz ermordet worden war.

Dass sich Kurt Georg Kiesinger nur drei Jahre im Amt halten konnte, hing damit zusammen, dass Willy Brandt von Anfang an den Kontakt zu Hans-Dietrich Genscher suchte, immer das Ziel vor Augen, die großen Koalition durch eine kleine mit der FDP abzulösen, was dann auch gelang.

Ein schwäbischer Sturkopf in der Weimarer Republik

Von einem ganz anderen Kaliber als Kiesinger war der 1875 in Buttenhausen bei Münsingen auf der Schwäbischen Alb geborene Matthias Erzberger, der 1921, nachdem er Reichsfinanzminister geworden war, von zwei Mitgliedern einer rechten Organisation im Schwarzwald ermordet wurde.

Erzberger war Volksschullehrer, Redakteur und 1899 an der Gründung der christlichen Gewerkschaften beteiligt gewesen. 1903 war er der jüngste Abgeordnete im Reichstag, wo er der Fraktion des Zentrums, einer christlich-konservativen Partei, angehörte. Der Schwabe verschaffte sich in Berlin schnell ein hohes Ansehen. Als Bevollmächtigter der deutschen Regierung und Leiter der Waffenstillstandskommission unterzeichnete Erzberger am 11. November 1918 den Waffenstillstand von Compiègne, der zum Ende der Kampfhandlungen des Ersten Weltkriegs führte. Er befürwortete auch den Abschluss der Versailler Verträge, was ihn zur Hassfigur rechter Gruppierungen machte.

Im Juni 1919 wurde Erzberger Finanzminister unter Reichskanzler Gustav Bauer. Er baute die Steuerverwaltung neu auf und legte mit seinen Reformen – unter anderem der Einführung des direkten Lohnsteuerabzugs – die Grundlage für das heute noch gültige Steuerrecht. Ein Schwabe halt, der versuchte, die Finanzen in Ordnung zu halten.

Die rechte Hetzpropaganda zielte zunehmend auf Matthias Erzberger. Am 26. Januar scheiterte ein erstes Attentat. Als Erzberger das Gerichtsgebäude in Berlin-Moabit verließ, schoss der ehemalige Fähnrich Oltwig von Hirschfeld zweimal auf den Minister. Erzberger wurde leicht an der Schulter verletzt, eine zweite Kugel prallte an einem Metallgegenstand in seiner Tasche ab. Von da an rechnete der schwäbische Politiker mit seinem Tod. „Die Kugel, die mich treffen soll, ist schon gegossen", sagte er zu seiner Tochter Maria. Am 26. August 1921 traf ihn diese Kugel bei einer Schwarzwaldwanderung mit einem Parteifreund nahe Bad Griesbach.

Matthias Erzberger prägte schon früh den Typ eines Politikers, der auch dann für seine Überzeugung steht, wenn diese nicht mit der Linie der Partei übereinstimmt. Ein echt schwäbischer Sturkopf eben.

Gewicht und Würde

Dass er ein Sturkopf gewesen sei, kann man von Theodor Heuss (1884–1963) nicht behaupten. Aber dem Amt des Bundespräsidenten gab er als erstes Staatsoberhaupt der neuen Republik „Gewicht und Würde", wie es Annette Wilms im Deutschlandradio formulierte. Einen besseren Präsidenten hätte man sich für die Anfangsjahre der Bundesrepublik nicht denken können. Er war klug, gebildet, schlagfertig und zugleich ein Mann, der die Menschen liebte. Bald nannte man ihn im Volksmund „Papa Heuss". In seiner Frau Elly Heuss-Knapp hatte er eine kongeniale Partnerin. Sie erwarb sich ihre eigenen Verdienste durch die Gründung und Betreuung des Müttergenesungswerks, das bis heute segensreiche Arbeit leistet. Heuss übte sein Amt von 1949 bis 1959 aus.

Heuss war seit den 20er-Jahren des letzten Jahrhunderts journalistisch und politisch tätig gewesen. In seiner Publikation *Hitlers Weg* analysierte und kritisierte der Reichstagsabgeordnete 1932 den Nationalsozialismus.

Das Buch wurde von den Nazis 1933 öffentlich verbrannt. Dass Heuss sich trotzdem der Fraktionsdisziplin seiner liberalen Partei beugte und, gegen seine Überzeugung, am 23. März 1933 für das Ermächtigungsgesetz im Reichstag stimmte, das Hitler unumschränkte Macht einräumte, machte dem Schwaben aus Brackenheim ein Leben lang zu schaffen. „Ein Ja, das ich aus meinem Leben nie mehr auslöschen kann", schrieb er später.

Bereits im Juli 1933 wurde Theodor Heuss das Abgeordnetenmandat aberkannt, weil er, der Liberale, „auf Reichswahlvorschlag der SPD gewählt worden" war. Die Nationalsozialisten verboten den deutschen Zeitungen, Artikel von ihm zu drucken. Eine Weile widersetzten sich einige Redaktionen noch dem Verdikt, aber bald schon musste Heuss auf ein Pseudonym ausweichen. Er schrieb nun unter dem Namen Thomas Brackheim. Mit einigem Geschick und der Hilfe wichtiger Freunde wie Robert Bosch überlebten die Eheleute Heuss das Dritte Reich.

In der Neujahrsansprache als Bundespräsident am 31. Dezember 1950 sagte Heuss mit seinem unverwechselbar schwäbisch-bedächtigem Akzent unter anderem: „Ich nehme gern die Ablehnung von vielen auf mich, hoffend, dass es nicht zu viele sein werden, wenn ich dies sage: Von den innerdeutschen Pressenotizen dieses Jahres hat mich keine so beelendet wie die Nachricht, dass sich ein Verein oder eine Partei der ‚Einheimischen' gegen die Flüchtlinge gebildet hat. Der Bundespräsident tritt aus der Neutralität heraus, die in dem Sinne seines Amtes liegt, wenn er sagt, dass er dies als eine Schande empfand. Und nun mögen manche auf mich schelten und die Vereinsvorstände mich wegen Beleidigung verklagen!" So war er, der Schwabe Heuss, der in seiner Antrittsrede als Bundespräsident am 12. September 1949 gesagt hatte: „Und die Frage ist nun, wie wir aus diesem Amt, wir alle zusammen, etwas wie eine Tradition, etwas wie eine Kraft schaffen, die Maß und Gewicht besitzt"... Theodor Heuss hat diesem Amt die Würde gegeben, die es verdient.

Gelungen ist das auch dem 1920 in Stuttgart, im Dachgeschoss eines Flügels im Neuen Schloss geborenen Richard von Weizsäcker, der von 1984 bis 1994 Bundespräsident war.

Ein Präsident aus Kirchheim unter Teck

Eine prägende Figur der neuen Bundesrepublik war Eugen Gerstenmaier (1906–1986), der aus Kirchheim unter Teck stammte. Als Mitglied des Kreisauer Kreises war der Theologe in der Zeit des Nationalsozialismus in die Pläne zur Ermordung Adolf Hitlers eingeweiht und wurde am 20. Juli 1944, nachdem Stauffenbergs Attentat gescheitert war, auch verhaftet. Der

Staatsanwalt forderte die Todesstrafe. Der gefürchtete Präsident des Volksgerichtshofs, sonst ein Menschenverächter ohne Beispiel, verurteilte Gerstenmaier überraschend „nur" zu sieben Jahre Zuchthaus mit der Begründung, er sei weltfremd „und unter Umständen noch für die Gemeinschaft wiederzugewinnen." Einflussreiche Bekannte der Familie Gerstenmaier hatten den Blutrichter beschworen, den jungen Theologen am Leben zu lassen. Am 14. April 1945 befreiten amerikanische Truppen Gerstenmaier aus dem Zuchthaus Bayreuth und kamen damit einem Erschießungskommando der Nazis zuvor, das den Auftrag hatte, die Häftlinge zu liquidieren.

Sofort begann Gerstenmaier wieder mit seiner kirchlichen und politischen Arbeit. Noch im Jahr 1945 gründete und organisierte er das Evangelische Hilfswerk, das er bis 1951 leitete. 1949 wurde der Schwabe Bundestagsabgeordneter für die CDU im Wahlkreis Backnang. Von 1954 bis 1969 war er mit einer Amtszeit von 14 Jahren, zwei Monaten und 15 Tagen der am längsten amtierende Bundestagspräsident in der Geschichte der Republik.

Eugen Gerstenmaier war 1950 der erste deutsche Parlamentarier, der eine Rede vor dem Straßburger Europaparlament halten konnte. Damals schon nannte er die Vereinigung Europas eine historische Notwendigkeit. Die Mehrheit der Deutschen wünschte keine Wiederbewaffnung, sie verabscheute den Krieg, aber „wir erwarten nicht, dass andere uns verteidigen, ohne dass wir selber bereit sind, an dieser Verteidigung teilzunehmen auf der Grundlage der Gleichberechtigung." Mit diesen Worten ebnete Bundeskanzler Konrad Adenauer den Weg für seine nach Westen orientierte Politik.

Jedermanns Liebling wird jedermanns Dackel

Manfred Rommel war von 1974 bis 1996 Oberbürgermeister der Landeshauptstadt Stuttgart. Davor war er Staatssekretär im Baden-Württembergischen Staatsministerium gewesen. Die Wahl hatte er unter anderem auch der Tatsache zu verdanken, dass er der Sohn des geachteten Weltkrieggenerals Erwin Rommel war (ein Wahlslogan lautete: „OB wird hier bloß oiner, dem Wüstenfuchs sei Kloiner!"). Aber schon bald hatte er ein eigenes Image, nämlich das des bürgernahen, ausgleichenden und uneitlen Großstadtschultes. So sagte er einmal: „Jeder Mensch macht Fehler. Das Kunststück liegt darin, sie zu machen, wenn keiner zuschaut." Rommel verstand es, ernste oder gar feierliche Situationen zu entkrampfen, indem er mit feiner Ironie, knitz und geistreich, seine Zuhörer zum Schmunzeln brachte: „Sparen heißt, Geld, das man hat, nicht auszugeben – und nicht Geld nicht auszugeben, das man nicht hat", lautete sein Credo.

Josef Schunder, stellvertretender Lokalchef der *Stuttgarter Nachrichten*, attestierte in einer Biografie des Oberbürgermeisters eine „hohe Affinität zu Querdenkern und Querköpfen wie etwa dem Remstalrebellen Helmut Palmer". Der Münchner OB Christian Ude wünschte im Vorwort zu dieser Biografie, „dass Rommels Geist der heiteren Gelassenheit in Ihrer Stadt wieder einziehen möge".

Als Manfred Rommel anlässlich der Leichtathletik-Weltmeisterschaft in Stuttgart 1993 einen schmalen Gedichtband aus seiner Feder im Neuen Schloss vorstellte, schwärmte er von dessen praktischem Nutzen: „Des Büchle isch wirklich praktisch, ma kann's sogar in die Jackentasche stecken, ohne dass sie ausbeult, und wenn in einer Wirtschaft der Tisch wackelt, kann man es unter das zu kurze Tischbein klemmen, dann hat sich's ausg'wackelt."

Noch ein Manfred aus dem Ländle hat es zu etwas gebracht: Der Stuttgarter Manfred Wörner. Er war von 1982 bis 1988 Verteidigungsminister der Bundesrepublik Deutschland und von 1988 bis 1994 NATO-Generalsekretär.

Der Metzinger Klaus Kinkel war von 1979 bis 1982 Präsident des Bundesnachrichtendienstes, von 1991 bis 1992 Bundesjustizminister, danach bis 1998 Außenminister. Er engagierte sich als WM-Botschafter für die Fußball-Weltmeisterschaft der Menschen mit Behinderung, die im Anschluss an die WM 2006 zum ersten Mal in Deutschland ausgerichtet wurde.

Lothar Späth (genannt das „Cleverle") war nicht ganz so clever, als er sich von einem Unternehmer in der Ägäis einladen ließ und wegen dieser so genannten „Traumschiff-Affäre" von seinem Amt als Ministerpräsident von Baden-Württemberg zurücktreten musste. Dieser Schritt des bis dahin ausgesprochen erfolgreichen und populären Politikers wurde über Parteigrenzen hinweg bedauert. Seine ausgeprägte Liebe zur Kunst hat den pragmatischen Schwaben früh zu der Einsicht gebracht, Kultur als wichtigen Standortfaktor anzusehen und entsprechend zu fördern.

Ein Männerbund aus den Anden

Am 25. Juli 1979 haben zwölf Mitglieder einer Delegation der CDU-Jugendorganisation Junge Union während einer Südamerikareise auf einem Nachtflug von Caracas nach Santiago de Chile nicht geschlafen wie die anderen Delegationsmitglieder. Sie haben sich bei guten Getränken zusammengehockt und einen Männerbund gegründet. Noch bevor es Tag wurde, setzten sie ein Bündnisdokument auf. Aus dieser Gruppe ist eine der einflussreichsten Seilschaften innerhalb der CDU geworden. Bundeskanzlerin Angela Merkel kostete es einige Mühe, den Griff der jungen Politiker nach der Macht zu verhindern. Mitglieder des Anden-Paktes waren unter anderem Christian Wulff, sehr viel später kurzfristig Bundespräsident, Friedbert Pflüger, erfolgloser Kandidat um das Amt des Regierenden Bürgermeisters von Berlin, Matthias Wissmann, zeitweise Verkehrsminister, Schwabe und heute der Chef des Automobilverbandes, Volker Bouffier, heute Ministerpräsident von Hessen, Roland Koch, gewesener Ministerpräsident desselben Landes, Hans-Gert Pöttering, wichtiger Mann der europäischen Konservativen im Europaparlament, und Günther Hermann Oettinger, von 2005 bis 2010 Ministerpräsident des Landes Baden-Württemberg und anschließend EU-Kommissar für Energie in Brüssel.

Der Schwabe Günther Oettinger sorgte immer wieder für Schlagzeilen. So etwa 1988, als er den Rücktritt von Bundeskanzler Helmut Kohl forderte, oder ein Jahr später, als er das Motorradfahren auf öffentlichen Straßen verbieten wollte. 1997 machte er sich genauso erfolglos für Schuluniformen stark. Er war es auch, der das umstrittene Projekt „Stuttgart 21" auf den Weg brachte. Als Oettinger in einem Interview äußerte, dass die Flaggen defizitärer EU-Staaten vor EU-Gebäuden zur Abschreckung auf Halbmast gesetzt werden sollten, forderten Abgeordnete des Europa-Parlaments die Rücknahme dieser Äußerung oder den Rücktritt als EU-Kommissar. Oettinger entschloss sich daraufhin, sich für seine Äußerung zu entschuldigen.

Einen wahren Sturm der Entrüstung löste Oettinger am 11. April 2007 mit seiner Trauerrede zum Begräbnis des einstigen baden-württembergischen Ministerpräsidenten Filbinger aus, als er sagte: „Anders als in einigen Nachrufen zu lesen, gilt es festzuhalten: Hans Filbinger war kein Nationalsozialist. Im Gegenteil: Er war ein Gegner des NS-Regimes. [...] Es bleibt festzuhalten: Es gibt kein Urteil von Hans Filbinger, durch das ein Mensch sein Leben verloren hätte." Oettinger ignorierte dabei die längst bewiesenen Fakten (siehe Kapitel: „I gang lieber mit meim Hond spaziere!"). Sogar Bundeskanzlerin Angela Merkel äußerte Kritik, und erneut wurden Rücktrittsforderungen laut. Oettinger aber blieb zunächst bei seiner Haltung: „Meine Rede war öffentlich, ernst gemeint, und die bleibt so stehen." Am 16. April 2007 schließlich distanzierte er sich von seinen Äußerungen.

Eine notwendige Zwischenbemerkung

Auch unter den führenden Politikern der DDR fand man Männer mit schwäbischen Wurzeln. Die Zwangskollektivierung in der DDR wurde von dem Cannstatter Pfarrersohn Edwin Hoernle geleitet, der Feuerbacher Bauernsohn Heinrich Rau wurde Minister für Maschinenbau, später für Außenhandel und innerdeutschen Handel, der Bietigheimer Arbeitersohn Kurt Hager war über viele Jahre der Chefideologe der SED, ein harter Betonkopf, dessen Neffe Ezard Haußmann ein berühmter Schauspieler wurde und dessen Sohn Leander heute ein viel gepriesener Regisseur und Filmemacher ist. Und der Hechinger Arztsprössling Markus Wolf brachte es einst in der Deutschen Demokratischen Republik sogar zum Spionagechef.

Von Gerabronn rund um die Welt

Joseph Martin (Joschka) Fischer, 1948 in Gerabronn geboren, verließ kurz vor Abschluss der 10. Klasse das Gymnasium und begann eine Lehre als Fotograf, die er jedoch schon bald abbrach. Vorübergehend arbeitete er als Spielwarenverkäufer. Ohne Abitur besuchte er in Frankfurt Vorlesungen von Theodor W. Adorno, Jürgen Habermas und Oskar Negt. Er setzte sich eingehend mit den Schriften von Karl Marx (1818–1883), Mao Tse-tung (1893–1976) und Georg Wilhelm Friedrich Hegel (1770–1831) auseinander. Sein Geld verdiente er mit Gelegenheitsjobs, später auch als Arbeiter bei Opel in Rüsselsheim und als Taxifahrer in Frankfurt. Die Ermordung des Arbeitgeberpräsidenten Hans-Martin Schleyer durch die RAF führte bei Fischer zu einem Denkprozess, in dessen Verlauf er sich von radikalen Gruppierungen abwendete: „Ich [...] habe erkannt, wie Gewalt die eigenen Gesichtszüge verzerrt, selbst wenn man meint, sie aus guten Gründen einsetzen zu können. [...] Ich habe damals Unrecht getan, und ich habe mich dafür zu entschuldigen bei allen, die davon betroffen waren."

Im ersten rot-grünen Kabinett Hessens wurde Joschka Fischer 1985 Staatsminister für Umwelt und Energie. Bei seiner Vereidigung durch den Ministerpräsidenten Holger Börner trug der grüne Parlamentarier Jeans und Turnschuhe, was ihm den Beinamen „Turnschuhminister" einbrachte. Das verhinderte freilich nicht, dass er sich schnell Respekt unter Freunden wie Gegnern und in der politischen Öffentlichkeit verschaffte. Zwei Jahre später entließ ihn Ministerpräsident Börner. Fischer und die Grünen hatten ultimativ darauf bestanden, dem Nuklearunternehmen Nukem in Hanau die Produktionserlaubnis zu entziehen. Die Koalition brach auseinander und die darauf folgenden Neuwahlen gewann die CDU.

Als die SPD und die Grünen 1991 die Macht zurückeroberten und Hans Eichel Ministerpräsident wurde, ernannte er Fischer wiederum zum Umweltminister. Zugleich wurde der Grüne Stellvertretender Ministerpräsident und Staatsminister für Bundesangelegenheiten. 1994 legte Fischer alle Ämter in Hessen nieder, um für den Bundestag zu kandidieren. Nach der Wahl am 16. Oktober wurde er in Bonn Vorsitzender der Fraktion der Grünen. Unvergessen sein Ausspruch während einer Debatte des Hohen Hauses gegenüber dem damaligen Bundestagspräsidenten Stücklen: „Mit Verlaub, Herr Präsident, Sie sind ein Arschloch." Der Bayer Stücklen ließ dem Schwaben Fischer die grobe Bemerkung durchgehen, vielleicht weil er wusste, wie locker man im Schwäbischen das Wort „Arschloch", verwendet. „Wo kommscht jetzt au du alts Arschloch her?" ist eine durchaus freundliche Begrüßung unter Schwaben, wie man von Ulrich Kienzle lernen kann, der den Spruch sogar zu einem Buchtitel gemacht hat.

Bei der Bundestagswahl 1998 verlor die schwarz-gelbe Koalition unter Bundeskanzler Helmut Kohl nach 16 Jahren ihre Mehrheit. Der SPD-Mann Gerhard Schröder wurde Kanzler, Joschka Fischer sein Vizekanzler und Außenminister. Gemeinsam sollen sie viele Jahre davor an dem Zaun des Kanzleramtes gerüttelt haben, wobei Schröder mehrmals gerufen haben soll: „Ich will da rein!"

Bemerkenswert ist die Wandlungs- und Erkenntnisfähigkeit des Schwaben Fischer, der noch mit 51 Jahren den New York-Marathon in sensationellen 3 Stunden 45 Minuten lief. Inzwischen ist er zum fünfen Mal verheiratet.

Nach der Bundestagswahl 2005, die einen Sieg für Schwarz-Gelb brachte, erklärte Fischer, er stehe für keinerlei politische Ämter mehr zur Verfügung.

Der Weise aus dem Oberland

Als Joschka Fischer Minister in Hessen war, leitete ein Parteifreund aus Schwaben, der von Beruf eigentlich Lehrer gewesen war, dessen Grundsatzabteilung: Winfried Kretschmann. Wer so eng mit dem oft rüden Politprofi Fischer gearbeitet hat, kennt das politische Geschäft in- und auswendig und ist keineswegs nur ein heiter über den Dingen stehender weiser Mann. Weiche Schale, harter Kern – das trifft auf den 1948 in Spaichingen auf der Schwäbischen Alb geborenen Winfried Kretschmann sicherlich zu. Seit dem 12. Mai 2011 ist er der erste grüne Ministerpräsident in einem deutschen Bundesland. Am 12. Oktober 2012 wurde Kretschmann im Bundesrat turnusgemäß für eine einjährige Amtszeit zum Präsidenten des deutschen Bundesrates gewählt. Er wurde damit als erster Politiker der Grünen auch vorübergehend Stellvertreter des deutschen Bundespräsidenten.

Kretschmann, der selbst einmal „sitzen"geblieben war, wurde zunächst Lehrer für Biologie, Chemie und Ethik. In einem Spiegel-Interview sagte er einmal: „Ich habe als Lehrer den Schülern immer deutlich gemacht, dass eine schlechte Note nichts damit zu tun hat, dass sie schlechte Menschen sind." Und auf seiner Homepage heißt es unter anderem: Dass Remstalrebell Helmut Palmer in meinem Wahlkreis kandidierte, kostete mich 1992 das Mandat [Anm.: als Landtagsabgeordneter]."

1979/80 war Kretschmann Mitbegründer der Grünen in Baden-Württemberg. 1980 wurde er erstmals für die Grünen in den Landtag von Baden-Württemberg gewählt. Er gilt als liberal-konservativer Vordenker seiner Partei.

In der Talkshow „Beckmann" konnte man erfahren, welche Irrwege Kretschmann genommen hat, um sich vom Kommunisten zu einem überzeugten Demokraten zu wandeln. Und in einem Interview mit der FAZ vom 9. Februar 1913 sagte er, angesprochen auf sein Mitwirken beim Kommunistischen Bund Westdeutschlands: „Das war eine Polit-Sekte. Um dort mitzumachen, musste man den Blick auf die Welt, wie sie wirklich ist, weitgehend ausschalten."

An anderer Stelle in dem Interview erklärt Kretschmann auf die Frage, warum die Grünen in Baden-Württemberg bei der Wahl so erfolgreich waren: „Ein anderer Grund war der Ministerpräsident Lothar Späth von der CDU. Der ließ sich von uns nicht provozieren, sondern hat sich wie ein Realo aufgeführt. Er hat immer gesagt: Nehmen wir mal an, es wäre richtig, was Sie fordern. Dann hat er es zerpflückt, klargemacht, warum das aus rechtlichen, finanziellen, pragmatischen Gründen nicht geht. Das war eine glückliche Konstellation, einen solchen Gegner zu haben." Und im Zusammenhang mit dem Projekt „Stuttgart 21" und dessen Finanzierung sagte Kretschmann: „... Eins ist sicher: Ich mache hier nicht den Wowereit, und ich werde nicht sehenden Auges in ein Debakel schlittern."

So erlebt man Winfried Kretschmann als bedächtigen, aufrechten Schwaben, der trotzdem mit großer Leidenschaft für seine Überzeugungen kämpft. „Auch das gehört zum Charme der Demokratie, dass sie Irrtümer ermöglicht und man trotzdem ein guter Demokrat werden kann", sagte Kretschmann dem *Schwäbischen Tagblatt*.

Zerscht d'Garage, dann erscht's Haus

Schlag me's Blechle, heiligs Blechle!

„Heiligs Blechle!", ein Ausdruck des Erstaunens, dann oft auch noch stärker als „heiligs Blechle aber au!", oder „Schlag mi's Blechle!" Was so viel heißt wie: Der heilige Blitz Gottes soll mich treffen. In diesem Fall wird „Blechle" gleichbedeutend mit „Blitz" verwendet. Die Legende sagt, dass ein Richter auf der Schwäbischen Alb seinem Urteil mehr Nachdruck verleihen wollte, indem er der Formel „So wahr mir Gott helfe!" ein „der Blitz soll mi, mei Frau, meine Kender ond de Hond treffe!" hinzufügte.

Es gibt aber auch noch eine geschichtliche Erklärung für den Ursprung des Ausdrucks „heiligs Blechle": Im Herzogtum Württemberg wurde das Betteln in der Öffentlichkeit verboten und die Versorgung der Armen im Ort (der sogenannten „Hausarmen") der Kirche übertragen. Da aber die Zahl der Armen im Herzogtum durch den Dreißigjährigen Krieg (1618–1648) rapide angestiegen war, nahm die Bettelei trotz aller Verbote stark zu. Ein Bettelvogt wurde eingestellt, der dafür sorgen sollte, dass die auswärtigen Bettler mit einer sogenannten „Bettelfuhre" abgeschoben wurden. Wenn man bedenkt, dass heute oft aus ähnlichen Gründen „abgeschoben" wird, zeigt sich, dass sich in vierhundert Jahren zumindest in dieser Beziehung nicht viel geändert hat, auch wenn das Fuhrwerk jetzt ein Flugzeug ist.

Da die Kollekte, die für die Armen verwendet wurde, nicht mehr ausreichte, auch nicht die Erträge der Kirche aus Geldgeschäften und Geldbußen (Vergehen gegen die Kirchenordnung), hat man den ortsansässigen Armen das Betteln und die Teilnahme an Armenspeisungen erlaubt. Um sie aber von den „auswärtigen" Bettlern unterscheiden zu können, bekamen diese Bettler vom sogenannten „Heiligenpfleger" eine Art Ausweis aus Metall als Zeichen, dass sie hier betteln durften. Es war ein wertvolles Stück Blech, und es könnte sich dabei um das „Heiligsblechle" gehandelt haben. Zu gleicher Zeit gab es in Gasthäusern eine Blechbüchse, in die jeder eine Münze werfen musste, der einen Fluch ausgestoßen hatte. Das Geld in dieser Büchse bekam ebenfalls der „Heiligenpfleger". Auch so könnte es zum „Heiligs Blechle" gekommen sein.

Nicht überliefert ist, wie es später zur Bezeichnung „Heiligs Blechle" für das Auto des Schwaben gekommen ist. Mit Bettelei hatte es ganz bestimmt nichts zu tun. Es mag Zufall gewesen sein, dass jemand beobachtet hat, wie empfindlich ein Autobesitzer war, wenn es um sein Auto ging, und er sich gebärdete, als würde es sich dabei um ein Heiligtum handeln – eben um sein Heiligs Blechle.

Kaum vorstellbar die Zeiten, als Kinder noch auf der Straße spielen konnten, weil nur dreimal am Tag ein Auto vorbeifuhr und man genau wusste, wann der Milchwagen und wann das Brotauto kommt. Als Transportmittel für die Familie gab es Motorräder oder Motorroller mit Beiwagen, in dem schon mal drei Kinder hintereinander saßen. Dann hatte die erste Familie in der Straße ein eigenes Auto, das war eine kleine Sensation. Die Nachbarn standen um den VW mit „Brezelfenster" – so nannte man damals die geteilte Heckscheibe – herum und inspizierten das Wunder der Technik aufs Genaueste.

Erst die Garage, dann das Haus

Der Bausparvertrag war noch nicht zuteilungsreif, also stellte man sein Auto statt in die Hofeinfahrt vom „Häusle" an den Straßenrand vor der Mietwohnung. Das war relativ ungefährlich, es ist jedenfalls nicht bekannt, dass damals ein Auto auf seinem „Laternenparkplatz" abgefackelt wurde. Konnte dann endlich gebaut werden, heißt es, habe der Schwabe zuallererst die Garage errichtet und dann erst mit dem Bau des „Häusles" begonnen. Auch wenn der „Daimler" noch nicht in der Einfahrt stand, weil alles Geld ins Häusle und die neue Küche investiert wurde, hat man die Garage groß genug gebaut, damit er eines Tages hineinpasste.

Aber zurück zum Laternenparker von damals: Was, wenn das „Schnauferle", wie viele ihr schwach motorisiertes Gefährt nannten, weil es nur mühsam bergauf fuhr, einmal dreckig wurde? Von Waschanlagen oder gar Waschstraßen war noch lange keine Rede. Man fuhr, Umwelt hin oder her, an den nächstgelegenen Bach, schöpfte mit einem Eimer Wasser und spülte vorsichtig den Staub vom Blechle, es sei denn, es handelte sich um einen Lloyd der ersten Baureihen, dann war das Blechle

aus Schichtholz, das mit Kunstleder überzogen wurde. Im Volksmund hieß das Holz- und Kunststoffauto „Leukoplastbomber"
und VW-Käfer-Besitzer spotteten: „Wer den Unfalltod nicht
scheut, fährt Lloyd!" Der Motor mit erst 10, dann 13 und schließlich 19 PS brachte das Auto am Ende auf eine Höchstgeschwin-
digkeit von nahezu 100 km/h, die er im Verlauf einer Minute
erreichte.

In Göppingen wurden anfänglich in einer kleinen Metall-
fabrik wegen der geringen Stückzahl Porsche-Kotflügel von
Hand „gedengelt", das heißt ein Blech wurde erst zugeschnitten
und dann über einem Holzrahmen mit dem Hammer so lange
bearbeitet, bis es die gewünschte Form hatte.

In Aalen, aber auch in Essen gibt es heute noch eine Auto-
werkstatt namens „Heiligs Blechle", was irgendwie eine nahe-
liegende Bezeichnung ist, vor allem, wenn in diesen Betrieben
Arbeiten an der Karosserie erledigt werden. Aber auch eine
Werkstatt für klassische Motorroller in Berlin heißt so. Ein zumindest verbales Joint-Venture und damit gelungenes Beispiel
dafür, dass Schwaben in Berlin doch irgendwie Anerkennung
finden.

Auch heute noch kann man das samstägliche Ritual im
Ländle beobachten, wie das geliebte Gefährt seiner Fußmatten
beraubt wird, um es genauestens und bis in jeden Winkel vom
letzten Staubkorn mit dem eigens für diesen Zweck angeschaff-
ten Staubsaugerle zu befreien – eine Abart der Kehrwoche, aber
aus dem gleichen Geist. Zum großen Bedauern der Eigentümer
darf man das gute Stück ja schon lange nicht mehr zu Hause
waschen. Gleich nach dem Waschgang in der Anlage werden
letzte Tropfen getrocknet, die Türdichtungen gepudert, das

Herzstück, der Motor, poliert und konserviert. Wäre die Schwäbin nicht so genügsam, könnte sie – nein – müsste sie von Eifersucht gepackt werden. Aber sie weiß, so lange er sich um sein Auto kümmert, kommt er auf keine anderen dummen Gedanken, und sie kann derweil in aller Ruhe mit ihrer Freundin oder Nachbarin bei Kaffee und Kuchen ein Schwätzchen halten. Es ist allerdings ein Gerücht, dass die gewitzte Schwäbin ihren Schwaben ganz bewusst mit dem Auto losschickt, um einen Kasten Bier oder Sprudel zu holen oder das Obst vom „Wiesle", wenn draußen ein Sauwetter ist. Und das nur, weil sie sich so auf ein paar ruhige Stunden freuen kann, die er braucht, um sein heiligs Blechle wieder auf Hochglanz zu bringen.

Bleibt noch anzumerken, dass es in Ludwigsburg 2011 ein „Heilig's Blechle Festival" gab; es handelte sich um kein Oldtimer-Autokorso, sondern wirklich um Musik. In Ehingen, wie in einigen weiteren Städten in Baden-Württemberg, gibt es „Heiligs Blechle"-Lokale, in Ehingen sogar mit einem „Blechle Spezial"-Bier, wovon die Armen seinerzeit allerdings nur träumen konnten...

Anyway hoisst alleweil

Wer ons Schwoba maulfaul hoißt,
hot ons nia veschpera seha

„Wenn no älle Leit so wäret wie i sei sodd!"
SCHWÄBISCHER SEUFZER

Dass die Schwaben ein Volk der Dichter und Denker sind, be-
streiten nicht einmal die Berliner. Mit den Bekanntesten dieser
Spezies wurde jeder Schwabe bereits in der Schule vertraut
gemacht: Mörike, Schiller, Uhland, Hesse, Hauff und Hölderlin … Aber es gibt noch über zehn Millionen mehr von ihnen –
in jedem Schwaben, in jeder Schwäbin steckt ein Poet! Und ein
Wortschöpfer. Das Schwäbische ist eine wunderbar lautmaleri-
sche Sprache. Was sagt zum Beispiel ein Schwabe, wenn ein
Seil unter großer Anspannung reißt? „Es fatzt!" Hier noch ein
paar weitere Beispiele für die vielen erstaunlichen Wortschöp-
fungen in Schwaben: Schatzamokele (Liebling), Wefzganescht
(Wespennest), Läddagschwätz (Dummes Gerede), Hambale
(Simpel), Lällabäbbl (Schwächling, leicht blöde), An-mi-
na-schlupferle (Geliebte), Glufamichl (Korinthenkacker), Fetza-
berger (Lausejunge), Hurgler (Dummer, ungeschickter Kerl),

Präegler (einer, der weitschweifig und langsam daherredet). Man könnte ewig weitermachen.

Verweist man in anderen Gegenden Deutschlands darauf und ordnet man die Wörter gar in die vielen Sinnsprüche ein, wie zum Beispiel: „An dem hoscht a Fraid, wia der Hond am Wefzganescht!", heißt es gleich: „Ist ja schrecklich, diese Sprache!" Aber dieses Urteil wurzelt womöglich im Neid, weil den Nichtschwaben die Feinheiten der Lautmalerei für ewig verschlossen bleiben werden. Wie hat Wilhelm Busch so treffend gesagt: „Neid ist die aufrichtigste Form der Anerkennung!" Oder Oscar Wilde: „Die Anzahl unserer Neider bestätigt unsere Fähigkeiten!" Anscheinend ist Neid wirklich nur der Ärger darüber, dass man keinen Grund zur Schadenfreude hat: Mitleid kriegt man geschenkt, Neid muss man sich verdienen! Es gibt Menschen, die sagen, in Deutschland werde kein Stamm mehr beneidet als der der Schwaben. Gleichzeitig rangiert ihr Dialekt im Ranking der Mundarten ziemlich weit hinten.

Warum aber haben dann so viele Schwaben solche Probleme, ihren Dialekt abzulegen? Egal ob Geschäftsleute, Fußballtrainer, Topmanager oder Politiker? Können sie es nicht oder wollen sie nicht? Ist es vielleicht eine Form von Protest oder gar Anarchie …?

Die Wahrheit ist: Schwaben sind in ihrer Sprache „dahoim", also zu Hause, und zu Hause fühlen sie sich am stärksten.

Kommet, mr ganget, sie kommet

Der Satz „kommet, mr ganget, sie kommet" soll zum ersten Mal beim Einmarsch der Franzosen 1945 in Tübingen gefallen sein. Vermutlich ist er jedoch viel älter, denn wie keine andere

Wortfolge zeigt dieser Ausspruch, wie der Schwabe dialektisch denkt und sein Denken in seiner Sprache, eben dem Dialekt, Ausdruck findet. Man denkt da unwillkürlich an Hegel, der seine Dialektik auf die griechische Diskutierkunst (griechisch „Dialégesthai") zurückführte. „Ja freilich, der Satz ‚Kommet, mr ganget, sie kommet' ist etwas von beidem: Dialekt und Dialektik", sinniert Uwe Zellmer, der seit Jahrzehnten auf der Schwäbischen Alb, im Theater Lindenhof in Melchingen, zusammen mit Bernhard Hurm gleichzeitig Welttheater und Mundarttheater macht und zudem ein großer Theaterpädagoge ist. Und er fährt fort: „Schwäbische Maulart sowieso, Einheit und Kampf der Gegensätze, Gehen oder Bleiben und das Spiel mit dem Offenen, welche Synthese wird's, wer kommt, wer bleibt, oder kommen und bleiben letztendlich alle?"

„Ja, ja, überzwerch hent die boide scho emmer denke könne, ond emmer ischt was dabei rauskomme", sagt der Altministerpräsident Erwin Teufel, der Hurm und Zellmer seit Jahren zugetan ist und als gütiger Förderer des Theaters Lindenhof gilt. Den Atem der Alb gegen das Schnellschnell der Metropolen haben die beiden in dem Ausspruch „Wart amol gschwend" gefunden. „Wart amol' wär langsam bis sehr langsam, ‚gschwend' wär schnell bis sehr schnell", sinnieren sie. Und dann sagt Zellmer: „Gschwend' heißt ja wohl, ich beziehe den Wartenden mit ein, verstehe seine Ungeduld, weiß, dass die Lösung, die Synthese her soll, doch es bleibt im Offenen, ob das Warten eine Minute dauern könnte, eine Stunde oder Johr ond Dag." Und dann erlaubt er sich noch den Kalauer, dass schwäbisch ja vielleicht von „in der Schwäbe bleiben" kommen könnte.

„Due no au gschwend langsam" ist vielleicht der Satz, der

die schwäbische Mentalität am besten trifft. Eine Mentalität, die es schmunzelnd zulässt, dass man sagt: „So a ganze halbe Stund kann scho ziemlich lang sei."

Ein Hund schnappte in einer Metzgerei eine Blutwurst und haute ab damit. Der Metzger zum Besitzer: „Pfeif doch deim Hond!" Der Besitzer: „Pfeif doch du deiner Wurscht!"

Eine Schule im Kreis Ulm. Auch hier werden viele der Schüler von ihren Müttern gebracht und wieder abgeholt. Die Zeiten, da so ein Acht- oder Zehnjähriger zwei oder drei Kilometer mit dem Schulranzen auf dem Rücken zu Fuß zurücklegen konnte beziehungsweise wollte, sind ja schon lange vorbei. Vor kurzem hatte einer von uns beiden Autoren eine Lesereise durch Württemberg zu absolvieren und beobachtete vor einer Schule zwei Mütter, die auf ihre Sprösslinge warteten. Meint die eine: „Über die neu Lehrerin ka mr fei nix Schlechts sage." Da antwortet die andere: „Also guad, no schwätze mr halt über ebbes anders."

In Berlin gibt es den Verein der Baden-Württemberger. Neulich dozierte dort ein hoch gewachsener liebenswerter Schwabe, den wir als ehemaligen Chef von AEG und der Deutschen Bahn kennen: „Wenn's einem schwäbischen Unternehmer sehr gut geht, no sagt er, das Geschäft sei halbwegs zufrieden stellend. Ist der Geschäftsverlauf zufrieden stellend, sagt er: ‚Mir steht das Wasser bis Oberkante Unterlippe.' So oim kann man dann nur noch raten: Jetzt lass bloß den Kopf net hänge!"

Da meldete sich ein anderer aus der Runde: „Aber wirtschaftlich geht's doch langsam wieder aufwärts. Man sieht Licht am Ende des Tunnels." Auch darauf wusste Heinz Dürr eine Antwort: „Wird scho oiner komme, der den Tunnel verlängert." (Er hat natürlich Tunelll gesagt, weil er auch Schwabe ist.)

Dazu sagt der Schwabe dann: „Oiner ischt emmer der Arsch!"
Oder, wenn er gelassener ist: „Zum Glück gibts emmer no grö-
ßere Sorga als des blöd Zeugs äll Dag!" Und Helmut Pfisterer
hat einmal gedichtet: „I sieh scho, was oiner sage will, wenn er
so guggd, als dät er zuhöre!"

On lieget a wenig en dr Sonn

Es gibt einen genialen Übersetzer von Romanen, Kurzgeschich-
ten, aber auch Songs aus dem Amerikanischen, einen Schwaben,
der in Berglen, nicht weit hinter Backnang, zuhause ist: Hans
Hermann, der auf wunderbare Weise erklärt, wie viel näher
das Schwäbische dem Amerikanischen ist als das Hochdeutsche.
Als er einmal den Auftrag bekam, sämtliche Songs des kanadi-
schen Country-Sängers Gordon Lightfood zu übersetzen, war
er mit dem ersten Ergebnis nicht zufrieden. Es klang umständ-
lich und holprig. Damals sei er auf die Idee gekommen, es mit
seiner eigenen Muttersprache zu probieren, erzählt Hermann.
Eine Methode, die er beibehalten habe, egal, ob er Bob Dylan
oder die Rolling Stones oder Kris Kristofferson zu übersetzen
hatte. Und er bemerkte rasch: „Da war der Dialekt der Hochsprache haushoch überlegen." Seine schwäbischen Übersetzungen hätten ihm sehr geholfen, die richtige Version in einer dann
endgültigen hochdeutschen Fassung zu finden.

Kein Wunder, so erklärt er weiter: Den Amerikanern werde
ein ähnliches Breimaul nachgesagt wie uns Schwaben, sie ver-
schluckten auch eine ganze Menge, ließen Endungen weg und
seien von Natur aus maulfaul.

Beispiele: „Always" heißt auf deutsch „immer" oder „stets!"
Auf Schwäbisch aber „älleweil", „äweil" oder „äwwel". „Anyway"

wird zu „oineweg", oder ist es sogar umgekehrt? Man nehme den unbestimmten Artikel „a" aus dem Englischen – „a" ganz unabhängig vom Geschlecht – so auch im Schwäbischen: „a Ma", „a Frau", „a Kend". Für den Übersetzer noch wichtiger sind klangliche und rhythmische Übereinstimmungen, zum Beispiel bei der Pluralbildung. „Trees" sind „Bäum", „dogs" sind „Hond", „heads" sind „Kepf". „A Big Nose" würde korrekt ins Hochdeutsche übersetzt heißen: „Eine große Nase". Im Schwäbischen sagt man „a Mordsnas".

„I went down" ist mit „ich bin hinuntergegangen" zu übersetzen. Der Schwabe kommt mit „I bee naganga" aus und im Zweifel tut's auch „I ben naa!"

Und dann macht Hans Hermann das alles an ein paar Beispielen ganzer Song-Lyrics deutlich:

Where the road runs down by the butternut grove
To old Bill Skinner's stream
do tell at the noontime bell
it's time for a summertime dream.

Wörtliche Übersetzung:

Wo die Straße hinunterführt, vorbei an den Walnussbäumen,
zum Bach des alten Skinner,
da heißt es, wenn die Mittagsglocke ertönt: Es ist Zeit für einen
Sommernachtstraum.

Von Hermann frei ins Schwäbische übersetzt:

Wo d'Schtroß nagoht, an deam Wäldle vorbei,
ond ieber's Fischwasser nom,
no dreffet mr ons, wenn's zwelfe schlegt
ond lieget a weng en dr Sonn

Für die Anfangszeilen des Kris Kristofferson-Songs „Sunday Mornin' Comin" bietet der geniale Mann aus Berglen gleich mehrere, fein abgestufte schwäbische Übersetzungen an. Zunächst das Original:

On the Sunday mornin' sidewalk,
Wishin', Lord, that I was stoned …

Volker Lechtenbrinks deutsche Version lautete:

Sonntag morgens in den Straßen
Kann man schrecklich einsam sein.

Hans Hermann bietet dafür gleich fünf schwäbische Versionen an:

Sonndich morgens en ra Großstadt
Des heltsch nichdern schier et aus.

Dann eine Nummer kleiner:

Uff dr Schtroß am Sonndichmorga
Herrgott, Ma, i brauch a Bier.

Aber, falls der Betroffene andere Bedürfnisse hat:

Ganz alloi am Sonndichmorga
Hätt i bloß a bissla Gras.

Und noch eine Variante:

An sodda Duurscht am Sonndichmorga
Ond koi Wirtschaft weit ond broit.

Und zum Schluss ganz poetisch:

So a driaber Trottoirsonndich
D'Kircha vool und d'Schtroßa leer.

Manchmal wirken schwäbelnde Menschen auf ihre Gesprächspartner, als wären sie von Natur aus beschränkt. Das hat den – oft willkommenen – Nebeneffekt, dass man sie unterschätzt. Mit seiner Art zu reden relativiert der Schwabe gleich von vornherein klare Aussagen, und das fordert vor allem unsichere Gegner leicht zu einer Überheblichkeit heraus, in der sie sich am Ende selber fangen. Das kann durchaus Methode haben und zu unerwarteten Erfolgen führen. Nicht umsonst findet man – dank dieser seltenen Gabe – viele Schwaben in Politik und Wirtschaft.

Das schönste Gras wird auch bloß Heu

Als Erhard Eppler, kluger Vordenker der SPD und unter Willy Brandt Entwicklungshilfeminister, von Ulrich Kienzle gefragt wurde: „Was ist schwäbisch für Sie?", antwortete er: „Schwäbisch ist für mich der Begriff ‚hälinge g'scheid‘." Dies sei ein schwer zu übersetzender Begriff, der aber beschreibe, „dass es Schwaben gibt, die sich ganz blöd anstellen – und doch außerordentlich intelligent sind. Die vieles durchschauen, was man ihnen gar nicht zutraut. Und die manchmal die norddeutschen Schnellschwätzer für ziemlich dumme Hunde halten, aber das nicht sagen. Sondern in sich hinein lächeln." Sie bleiben halt gerne im Ungefähren, die Schwaben.

Das zeigt sich etwa im folgenden Dialog:

„Wie gohts au so?"

„I ka net klage. Ond selber?" „'S könnt besser sei. Aber was soll's – ma wird et jünger, gell!"

„Do hent Se Recht: Des schönschte Gras wird au bloß Heu!"

Überhaupt lieben Schwaben blumige Vergleiche. Wenn sie

über einen sagen wollen, dass er zu nichts zu gebrauchen ist, heißt es: „Der hot zwoi linke Händ – und die no in dr rechta Hosatasch!" Und anstatt: „Jeder soll sich um seine Angelegenheit kümmern", sagt der Schwabe: „Es hat halt koi Goggel gern, wenn Fremde auf seim Mischt scharret!"

Man kann im Dialekt vieles sagen, was man in der Hochsprache nur schwer oder gar nicht ausdrücken kann. Zum Beispiel: „Wega oim dürra Ascht haut ma koin Baum um" oder: „Manch oiner kommt zu ällem Möglicha, bloß net zu sich selber." Oder die ultimative Erkenntnis: „'S ischt koiner so domm, es lauft emmer no a Dömmerer rom." Und wenn's einmal nicht so geht, wie man es erhofft hat, wenn man einsehen muss, dass man nicht immer gewinnen kann, wenn man merkt, dass es Dinge gibt, auf die man eben keinen Einfluss mehr hat, dann sagt der Schwabe in demütiger Einsicht: „Mr kann halt net älle Berg ebe mache!"

Thaddäus Troll legte immer Wert darauf, dass Schwäbisch keine Mundart, kein verschlamptes Hochdeutsch sei, sondern „eine Sprache mit eigenem Wortschatz und eigener Grammatik, die sich auch in ihren Gefühlsinhalten völlig von der Hochsprache unterscheidet." Schwäbisch sei differenzierter, oft präziser, bildhafter und klarer als das so genannte Schriftdeutsch, und er bedauert es, dass es von so wenigen Dichtern und Philosophen gebraucht wurde und wird. Denn: „Die Hochsprache ist nicht denkbar ohne eine lebendige Fühlung mit, ohne eine ständige Erneuerung durch den Dialekt. Sie würde sonst umkippen wie ein Gewässer ohne Sauerstoff."

Die Präzision des Dialekts zeigt sich oft auch in dem, was man nicht sagt. Die folgende kleine Anekdote mag wohl stimmen: Zwei Schwaben unterhalten sich über einen dritten, nachdem sie vom Stammtisch aufgebrochen sind. „Du", sagt der eine, „der Gottlob hat ja praktisch da ganze Obend nix gschwätzt!"

„Ja", erwidert der andere: „Mr ka sich gut mit ihm unterhalte."

Man kann in Böblingen oder Backnang in ein Taxi einsteigen und den Fahrer bitten, zum Flughafen oder in die Stuttgarter Innenstadt zu bringen, der verzieht (wenn es ein Schwabe ist) keine Miene. Ein Berliner Taxifahrer würde bei so einer Strecke vor Freude im Viereck springen. Von dem Schwaben kann man hören: „Ja des au no! Jetzt han i grad zom Nachtesse hoim wella."

Trotzdem fährt er natürlich. Den Verdienst will er schon mitnehmen. Unterwegs kann es dann zu einer etwas einseitigen Unterhaltung kommen. „Also no fahre mr halt." „Jetzetle goht's ronder von dr Autobahn!" „Du Saudackel" (aber das gilt nicht dem Fahrgast, sondern einem anderen Autofahrer). Und schließlich: „Sodele. Do semmer."

So viel Platz wiederzugeben, was ein Berliner Taxifahrer auf so einer Strecke geredet hätte, haben wir hier leider nicht.

Die kleine Taxi-Geschichte illustriert den wesentlichen Unterschied zwischen Schwaben und Berlinern: Die Schwaben reden langsam und schaffen schnell, und bei den Berlinern ist es genau umgekehrt. Oder, um es mit Helmut Pfisterer zu sagen: „Wer ons Schwoba für maulfaul hält, hot ons no nia veschpera sehe!"

Alter ischt halt nix für Schlappschwänz

Ein Stuttgarter, der in den 90er-Jahren des letzten Jahrhunderts nach Berlin gezogen ist, erzählt: „Wir hatten eine sehr schöne Wohnung in Steglitz gefunden. Die musste aber noch renoviert werden. Als wir mit dem Möbelwagen ankamen, funktionierte das meiste ganz ordentlich, nur das Klo war noch nicht einge-baut. Zufällig war der Installateur im Haus. Ich habe ihn sofort darauf angesprochen. ‚Keen Problem‘, sagte der, ‚det mach ick Ihnen doch ratzfatz!‘ Wie wäre das wohl in Schwaben gewesen?

Vielleicht denkt jetzt der Eine oder Andere, der hätt' statt ‚ratzfatz‘ nur ‚ruckzuck‘ gesagt.

Nein! Der hätt gsagt: ‚Ja brauchet Sie des?? Deshalb fahr ich doch nicht extra da her. Da ist doch nix dran verdient. Könnet Sie ned bei Ihre Nachbarn solang aufs Klo gange, bis mr sowieso wieder amal en dr Gegend ischt…“

Aber der Schwabe wäre dann doch in den nächsten zwei, drei Tagen gekommen und hätte das Klo, wenn auch maulend, montiert!

Bei dem Berliner Installateur hat's noch ein Vierteljahr ge-dauert, und jedes Mal, wenn die Kunden angefragt haben, hat er gesagt: „Keen Problem, mach ick Ihnen sofort, in een, zwee Tagen haben Sie det Ding!“

Wie fremd wir Schwaben den Berlinern schon früher waren, erläutert eine kleine Geschichte, die der Schauspieler Walter Schultheiß erzählt hat: Er war zur Funkausstellung mit einem schwäbischen Ensemble zu einem Gastspiel in Berlin. Seine Frau Trudel Wulle war natürlich auch dabei und damals sogar noch Willy Reichert, Oskar Heiler, Ruth Mönch und ihr Mann Willy Seiler, Werner Veith und wie sie alle hießen. Die schwäbi-schen Schauspieler wurden von einem Busfahrer am Flughafen Tegel abgeholt und ins Hotel am Kurfürstendamm gefahren. Alle waren ziemlich aufgedreht. „Es war a bissle wie früher aufem Schulausflug“, erzählt Walter Schultheiß. Unsere schwäbischen Schauspieler haben also ungewöhnlich viel, vielleicht auch ein wenig zu laut und wild durcheinander geredet. Plötzlich dreht sich der Fahrer um und sagt: „Was ist denn det? Ick jloobe ick fahre die Pekingoper, wa?!"

Und weil wir grade bei den Berliner Busfahrern sind: Neulich stieg ein Mann am Kaufhaus des Westens in einen Bus ein, war sich aber nicht ganz sicher, ob er die richtige Linie erwischt hatte. Also fragte er den Chauffeur: „Fahren Sie über den Adenauerplatz?" Sagt der: „Det hatte ick eigentlich vor!"

An der nächsten Haltestelle stieg eine junge hübsche Frau ein und fragte ihrerseits: „Fahren Sie zum Bahnhof Grunewald?" Sagt der Chauffeur zu ihr: „Ne, eijentlich fahr ick nach Mallorca, aber für Sie mach ick 'nen Umweg!"

Die folgende Replik hätte aber auch von einem Schwaben stammen können. Am Flughafen Tegel stieg ein alter Herr mit Krücken mühsam in den Bus Richtung Bahnhof Zoo. Er entschuldigte sich beim Chauffeur, weil er keine Hand frei hatte, um den Fahrschein vorzuzeigen. Der Mann am Steuer sagte: „Setzen Sie sich mal hin. Sie sind kein Schwarzfahrer, das sehe ich. Ein guter Bauer erkennt seine Schweine am Gang."

Je weiter man von zu Hause weg ist, umso deutlicher kann man erkennen, was den Schwaben so „oige", aber auch so liebenswert macht. Ein in Berlin lebender Schwabe, der bei einem Besuch in Stuttgart, einer alten Gewohnheit folgend, beim „Stetter" einkehrte, erzählt: „Am Nebentisch saßen zwei alte Männer – was hoißt alt? Männer halt in meinem Alter. Die hent in ihre Viertelesgläser neiguckt, wie d'Zeit vergeht. Und ab und zu hat auch einer was g'sagt. Sie haben dann über einen abwesenden Bekannten gesprochen. ‚Du, domm ischt der fei net', hat der eine gesagt. Dann ist sehr viel Zeit vergangen. Die zwoi hent vor sich hinguckt, a paar Schlückle gnomme, und schließlich sagte der andere: ‚Aber g'scheit ischer au net!'"

Danach haben die zwei über ihre Krankheiten diskutiert. „Was willscht mache. I werd halt alt!", sagte der eine, worauf der andere antwortete: „Lang lebe wellat älle, bloß et alt werde." Und er fügte hinzu: „Alter ischt halt nix für Schlappschwänz. A bissle astrenge muss mr sich scho! Guck mi an. Ich leb vernünftig, kein fettes Essen, ich gehe regelmäßig spaziere, trinke keinen Alkohol, bloß nachem Essa a Schnäpsle ond obends drei, vier Viertele. Wenn i so weiter mach, werd i no achtzig!"

Sagt sein Nachbar: „Sag doch neunzig, no bischt net so em Zeitdruck!"

* * *

Es ist zwar schon Mai, die Temperaturen spielen bereits um die 20 Grad herum, aber ein sanfter Dauerregen legt einen grauen Schleier über die Stadt. Albert, der alte Herr im Tweedanzug, flaniert trotzdem wie gewohnt durch die Straßen und über die Plätze des Prenzlauer Bergs. Ein riesiger Stockschirm beschützt ihn vor dem himmlischen Nass. Er betritt eine Bäckerei und gerät mitten hinein in eine Diskussion, die er sich zunächst nur schmunzelnd anhört. Eine Frau, die er auf etwa 70 Jahre schätzt, regt sich auf. „Darf ich jetzt eigentlich nicht mehr Schrippen sagen?"

Die Verkäuferin lächelt die Kundin an. „Sie dürfet alles sage, so lang ich Sie versteh. Ich hab zum Beispiel gelernt, dass die Sachsen ‚nu' sagen, wenn Sie ‚ja' meinen. Und wenn ich Ihne jetzt sag, dass Ihne grad Ihr Portemonnaile nonder gfalle ischt, werden Sie des sicher au verstehe."

Schnell bückt sich die Kundin nach ihrer Geldbörse und im Hochkommen sagt sie: „Jemand, der so redet, will doch nichts anderes ausdrücken als ‚Mich braucht keiner außerhalb meiner Region zu verstehen. Bleibt mir bloß weg mit der Globalisierung!‘“

Da nun mischt sich Albert ein: „Man soll das Kind nicht mit dem Bad ausschütten, gnädige Frau. Tatsächlich wollten die Menschen lange möglichst weltläufig sein, multilingual würden es die Wissenschaftler nennen.“

„Ich bin Wissenschaftlerin“, entgegnet die Kundin, „Sprachwissenschaftlerin seit 45 Jahren!“

„Wie schön! Dann geben Sie mir sicher recht, dass es lange Zeit ein allgemeines Bemühen gab, Hochdeutsch zu reden und den Dialekt zu verstecken, wenn nicht gar zu vergessen. Weg mit den regionalen Färbungen in Wörtern, hinter denen im Duden ‚landsmannschaftlich‘ steht, was immer ein wenig geringschätzig wirkt, wie ich finde.“

„Wollet Sie au was kaufe?“, fragt die Bäckersfrau.

„Zwei Laugewecke ond a Schneckenudel“, bestellt Albert und fängt sich damit vorwurfsvolle Blicke der Kundin ein. Aber er behält sein Lächeln bei. „Soll ich nun nicht mehr ‚schauen‘, sondern dafür ‚gucken‘ sagen, oder statt ‚heim‘ gehen, ‚nach Hause‘ gehen. Und wer will mir verbieten, mein gemütliches ‚Grüß Gott‘ durch ein schneidiges ‚Guten Tag!‘ zu ersetzen. Man muss doch nicht so tun, als hätte man niemals woanders gelebt.“

Die Kundin bezahlt ihren Einkauf und wendet sich zur Tür. „So eng habe ich das auch nie gesehen. Aber wenn der Dialekt, der hier immerhin nicht zu Hause ist, beginnt, alles zu dominieren…“

„Das deckt sich aber nicht mit meinen Beobachtungen“, unterbricht sie Albert. „Die Rückbesinnung aufs Idiom ist doch heute im Trend. Verwandt mit der Slow-Food-Bewegung und Buy-Local-Initiativen. Das Provinzielle hat einen besonderen Charme, das merken wir grade deshalb so deutlich, weil es so lange verpönt war. In diesen Auseinandersetzungen zwischen Berlinern und Schwaben, hier im Prenzlauer Berg, sehe ich nichts Kriegerisches, sondern einen respektvollen Austausch der Kulturen."

Die Sprachwissenschaftlerin nickt ein wenig widerstrebend. "Sie könnten Recht haben."

"Ja, manchmal war das schon so in meinem Leben, dass mir sogar Frauen Recht gegeben haben", gibt Albert schmunzelnd zurück.

Das Glockenspiel über der Ladentür spielt "Im schönsten Wiesengrunde". Dann sieht man die Käuferin nur noch durch die Schaufensterscheibe. Albert wendet sich an die Bäckersfrau. "Ich nehm auch noch zwei Schrippen!"

Wer will scho jede Nacht alloi sei?

„I mag di" heißt „Ich liebe dich"

Zerscht schwädsch
Bis se secht;
Schwätz ned
Duas.
On na duasch
Bis se secht:
Schwätz doch au ebbes.

AUS EINEM GEDICHT VON HELMUT PFISTERER[5]

Im Schwäbischen gibt es das Verb „lieben" nicht. Es wird durch das unverbindlichere „mögen" ersetzt. Freilich lässt sich „mögen" steigern. „I mag di" heißt „ich liebe dich". „I mag die ganz arg" bedeutet „ich liebe dich sehr", was sich noch verstärken lässt zu „I mag di saumäßig!" Aber selbst zu solchen Bekenntnissen muss der Schwabe sich durchringen. Thaddäus Troll erzählte einmal, wie er Zeuge einer schönen schwäbischen Liebeserklärung wurde. Auf dem Flughafen Stuttgart belauschte er ein Paar, das sich verabschieden musste, weil die junge Frau nach New York flog. Die Minuten vor der Trennung seien „in trister Sprachlosigkeit" verschattet gewesen, erinnerte sich Troll. Schließlich habe die junge Frau gesagt: „Wärscht arg traurig, wenn ich ra hagle dät?" (also wenn ich abstürzen würde). Der Mann sah sie an, prüfte offenbar seine Gefühle und sagte dann: „Ha, scho!"

Was er damit sagen wollte? „I mog di scho saumäßig!"

Die Mögetse, also die Liebe, wird in Schwaben oft vermeintlich pragmatisch gesehen – pragmatisch deshalb, weil man sich nicht gerne lauthals oder gar emphatisch zu seinen Gefühlen bekennt, vermeintlich, weil man sich oft geniert, seine Gefühle zu zeigen, sie in Wirklichkeit aber doch tief empfindet. So soll ein Schwabe, dem seine bayerische Freundin eine feurige Liebeserklärung gemacht hatte, geantwortet haben: „Halb so schlimm, des vergoht au wieder." Dabei wollte er nur nicht zugeben, wie sehr ihn selbst die Liebe erwischt hatte.

„Kein Feuer, keine Kohle kann brennen so heiß wie heimliche Liebe, von der niemand was weiß …" Diese Liedzeilen drücken eine zutiefst schwäbische Befindlichkeit aus. Wie man unter barschen Worten verhüllt, dass inwendig die Flamme der Liebe lodert, hat ein Bauer auf der Schwäbischen Alb gezeigt, den seine frisch angetraute Frau zu Beginn der Hochzeitsnacht fragte: „Und jetzt, Karle?" „Ja no, glei. Und gell, wenn i heut Nacht Durscht krieg, no weksch mi bitte no amol ond brengscht mr en Moscht." „Woher soll i wisse, wann du Durscht hascht?", fragte sie. „Ha, wenn du mi weckscht!" Sie lachte, und Sekunden später lagen sie sich in den Armen, und sie liebten sich nicht weniger leidenschaftlich als Romeo und Julia oder Cäsar und Kleopatra.

Ob die folgende kleine Geschichte dem gleichen Paar nach vielen Ehejahren passiert ist, wissen wir nicht. Die beiden, so wird erzählt, haben sich den ganzen Tag über gestritten wie die Kesselflicker. Abends sind sie wortlos in ihr Ehebett gestiegen. Schließlich brach der Mann das Schweigen: „Deamer oder deamer net?" Seine Frau antwortete: „Mr hot no nie gsagt, mr däe net!" – Versöhnung auf Schwäbisch.

Ein Bauernehepaar aus der Nürtinger Gegend war weitab vom Dorf dabei zu heuen, also die Heuernte einzubringen. Ein schweres Gewitter zog auf und kam schnell näher. Ganz in der Nähe fuhr ein Blitz in einen allein stehenden Baum und ein gewaltiger Donnerschlag erschütterte die Erde. Der Bauer war plötzlich überzeugt, sein letztes Stündlein habe geschlagen. Er zog seine Frau an sich und sagte: „Anneliese, jetzt wo's vielleicht z' Ende geht, muss ich dir was beichte …" Und er erzählte ihr von seinem einzigen Fehltritt im Verlauf ihrer Ehe. „I weiß net, ob ich dir verzeihe kann", erwiderte die Bäuerin. Wieder fuhr ein giftgelber Blitz über den Himmel, und fast in der gleichen Sekunde folgte der Donnerschlag. Die Frau klammerte sich voller Angst an ihren Mann. Nach einer kleinen Weile sagte sie: „Gottlieb, ich muss dir au was sage …" „Ja?", fragte er begierig. „Also … äh …", sie zögerte. Der nächste Blitz war schon harmloser und der Donner ließ nun länger auf sich warte. „Jetzt schwätz scho!", sagte der Bauer. Seine Frau löste sich von ihm, deutete auf den westlichen Horizont: „I glaub, da hinte wird's scho wieder hell."

Ob die Liebe über den Tod hinaus hält, auch das sieht der Schwabe pragmatisch. Eine Frau aus Schwäbisch Gmünd hatte ihren Mann begraben müssen. Sie hatte danach einen Grabstein und eine Umfassung setzen lassen, und nun ging es um die Bepflanzung. Der Gärtner deutete auf eine Sammlung schön bunt blühender Blumenstöckchen. „Die dätet passe."

„Und?", fragte die Frau, „wie heißet die?"

„Ewige Liebe!"

„Um dr Gottes Willa, älles bloß des net", entfuhr es der Witwe.

Eine andere Geschichte wird im Schwabenland seit Generationen in verschiedenen Versionen erzählt: Ein Bauer wurde beigesetzt. Der Friedhof lag oberhalb des Dorfes auf einer Anhöhe. Nachdem alles vorbei war, ging der Knecht neben der Bäuerin den Berg hinunter zum Leichenschmaus im Dorfgasthaus. „Woisch Bäuere, des ischt doch nix, so ganz alloi aufem Hof bei äll dem Gschäft!" Darauf antwortete sie trocken: „Ja, des han i mir scho em Nuff überlegt."

Dazu passt eine der bekanntesten schwäbischen Anekdoten: Eine Frau aus Tübingen hat ihren Mann nach dessen Tod verbrennen lassen. Das musste in Reutlingen geschehen, weil's in Tübingen damals noch kein Krematorium gab. Ein kalter Wintertag. Es hatte zu schneien begonnen, und auf dem Rückweg waren Straßen und Wege eisglatt, sodass man sich auf der steil abfallenden Straße zum Neckartal hinab kaum auf den Beinen halten konnte. Die Witwe zog einen kleinen Handwagen hinter sich her, in dem sich auch die Urne befand. Als sie zum dritten Mal ausgeglitten und unsanft hingefallen war, nahm sie die Urne aus dem Wagen, öffnete den Deckel und sagte: „So, Albert, jetzt ischt Schluss mit der Pietät. Jetzt wirscht gstreut!"

Weil im südlichen Schwaben die Pietisten zu Hause sind und in Oberschwaben die katholische Kirche über die Sitten wacht, glauben manche, Württemberg sei ein Land, in dem die Liebe nicht so recht erblühen könne. Dass dies nicht der Fall ist, haben wir mit unseren vorausgegangenen Geschichten zu erklären versucht. Dass bei den Schwaben eben vieles hälenga, also heimlich, passiert, ändert nichts an deren Bereitschaft, leidenschaftlich zu lieben, wenn auch die Bemerkung, die Schwaben seien die Spanier Deutschlands, ein bisschen übertrieben ist.

Sach bleibt Sach

Wir erzählen an anderer Stelle von den zwei modernen Völkerwanderungen, nämlich dem Strom der Flüchtlinge und Vertriebenen nach dem Zweiten Weltkrieg und der Zuwanderung von Gastarbeitern aus dem Süden Europas in den späten 50er- und den 60er-Jahren. Lupenreine Schwaben wurden und werden dadurch immer seltener, und das ist auch gut so, weil die Neubürger immer auch neue Ideen, neue Vorlieben, neue Leidenschaften ins Ländle hereingetragen haben.

Andererseits: Die Neuankömmlinge haben oft auch heimische Verhaltensweisen angenommen. Manche von ihnen sind sogar 150-prozentige Schwaben geworden und haben mitgeholfen, schwäbische Gepflogenheiten zu erhalten. Zu diesen Gepflogenheiten gehört, dass man bei Eheschließungen im Schwabenland auch heute noch oft darauf achtet, „eine gute Partie" zu machen, was nicht immer der Liebe zuträglich ist; aber „Sach bleibt Sach" und alles andere wird sich finden, so zumindest ist die Hoffnung. Früher nannte man das eine arrangierte Verbindung, die dann nicht nur standesgemäß war, sondern auch für einen ebensolchen Nachwuchs sorgte.

Ein berühmtes Beispiel liefert uns die Ehe zwischen dem Prinzen Karl von Württemberg (1823–1893) und Olga Nikolajewna Romanowa, Tochter von Zar Nikolaus I. (1822–1892). Zuvor hatte sich Olga in einen nicht standesgemäßen Mann verliebt. Obwohl der Zarenhof von Nikolaus I. als ausgesprochen fortschrittlich galt, musste eine solche Verbindung mit allen Mitteln verhindert werden. Man hatte den unerwünschten Aspiranten kurzerhand außer Reichweite der Tochter geschafft, indem man ihn in eine entlegene Gegend versetzt hatte.

Zwischen Olga und Karl wurde zunächst ein Treffen im fernen Palermo arrangiert, wo sie sich angeblich auf einer Parkbank zum ersten Mal begegneten. Die Ehe blieb kinderlos. Man vermutet, dass Prinz Karl sich lieber mit Männern getroffen hat, was für die damalige Zeit offiziell kein Thema sein durfte. Olga hat sich mit dieser Situation offenbar abgefunden und, statt sich einen Liebhaber zu nehmen, ihre soziale Ader ausgelebt. Sie kümmerte sich um die Versorgung Behinderter und Kriegsverwundeter. 1847 übernahm sie die Schirmherrschaft über die Stuttgarter Heilanstalt für Kinder – das Olgahospital (im Volksmund bis heute „Olgäle" genannt). Sie gründete zudem eine Krankenpflegeschule in Heilbronn. Ein besonderes Anliegen war ihr die Bildung und Erziehung von Mädchen. Mit Geld aus Russland schuf sie in Stuttgart die erste Mädchenschule, das heutige Gymnasium „Königin Olga Stift", im Volksmund auch heute noch „Katzenstift" genannt. Auch die bürgerlichen Mädchen hatten es nicht leicht, den Mann fürs Leben zu finden. Von Emma Leins, einer von sechs Töchtern des Architekten Christian Friedrich von Leins (der für den Kronprinzen die Villa Berg geplant hat), ist überliefert, wie sehr sie darunter gelitten hat, auf den „Richtigen" zu warten. Unter anderem wurde sie nach Bad Wildbad zum Abnehmen geschickt. Ihre diesbezüglichen Bemühungen müssen erfolgreich gewesen sein, da sie „Mr. Right" in Gestalt von Ernst Kronecker kennen und lieben gelernt hat. Bereits bei ihrem ersten Aufeinandertreffen haben sie sich heimlich unter dem Tisch die Hand gedrückt und noch am selben Abend den ersten Kuss ausgetauscht. Mutter Maria Leins schrieb damals an ihre Tochter, Ernst sei derjenige, „den das Schicksal dir bestimmt hat".

Überhaupt müssen die schwäbischen jungen Frauen doch sehr reizend und gut für die Ehe erzogen gewesen sein. Karl Gerok dichtete einst:

> Wer ein gutes Weib will haben,
> nimmt ein Mädchen sich aus Schwaben,
> Alle zieht die Wildermuth,
> drum geraten sie so gut.

Ottilie Wildermuth wurde 1817 in Rottenburg geboren und wuchs in Marbach am Neckar auf. Aufsehen erregte sie mit ihrer ersten Erzählung *Eine alte Jungfer*. Später sammelte sie Bilder und Geschichten aus Schwaben. Zeitlebens kümmert sie sich um die Bildung und Ausbildung junger Frauen.

Im Zeitalter von Twitter, SMS und Internet kann und will es kaum noch jemand dem Schicksal überlassen, den richtigen Partner zu finden. Mann und Frau, Schwabe und Schwäbin nehmen es selbst in die Hand, mit unterschiedlichem Erfolg, wie sich am Beispiel unserer Brezelverkäuferin vom Kollwitzplatz deutlich zeigt.

* * *

Woher nehma, und et stehla …

Miriam Eisele ist kaum wiederzuerkennen. Sie hat sich mächtig herausgeputzt. Bei genauem Hinsehen könnte man auch einen Ansatz von unternehmungslustigem Blitzen in ihren Augen erkennen. So schlendert sie – an diesem lauen Frühlingstag nicht durch die Husemann- und auch nicht durch die Sredzkistraße in Prenzlauer Berg, sondern über den Kurfürstendamm und betrachtet sich hin und wieder verstohlen in den spiegelnden Schaufenstern. Sie ist nicht auf

Shopping-Tour, wie man vielleicht vermuten könnte, aber es geht durchaus um etwas Ähnliches, das einem auch irgendwie zu Gesicht stehen sollte, oder, besser gesagt, gut zu einem passen sollte: Es geht um einen Mann, genauer gesagt um d e n Mann! Keine Nummer zu groß, keine zu klein, einfach den passenden...„Woher nemma und et stehla", könnte man auf gut Schwäbisch sagen, denn es trifft den Kern der Sache. Aber auch auf diesem luxuriösen Prachtboulevard gibt es keinen Mann zu kaufen, weder einen schwäbischen noch einen berlinischen, aber auch keinen italienischen, polnischen oder französischen – und das ist das Problem. So sehr Miriam ihren Rock schwingen lässt und versucht, vergnügt zu schauen, außer ein paar durchaus bewundernden Blicken erntet sie... nichts. Ihr Gang wird zunehmend weniger beschwingt, ihr Lächeln verkrampft sich mehr und mehr, es ist zum Heulen...

„Wenn ma drauf angwiesen ischt, dann geht scho gar nix!", denkt sie sich und geht tapfer weiter, jetzt aber schon mehr mit gesenktem Blick, damit ja keiner denkt, sie sei auf der Suche...

„Kennen wir uns nicht?", eine freundliche Stimm reißt sie aus ihren Gedanken, in die sie sich schon so sehr eingeigelt hat, dass sie erst gar nicht reagiert.

„Sind Sie nicht die Brezelverkäuferin vom Kollwitzplatz?" Erst jetzt schaut Miriam auf und erkennt den alten Mann im Tweedanzug.

„Warum isch der ned ein bissle jünger!", denkt sie, aber sie sagt: „Mit Ihne hätt ich jetz ned grechnet..."

Albert schmunzelt in seinen mächtigen Schnauzbart. „Also ich finde es ganz wunderbar, wie oft das Leben so schöne Überraschungen für mich bereit hält."

Miriam kann eine leichte Röte, die ihr bei diesen Worten ins Gesicht steigt nicht verbergen. „Ich hab Hunger!", versucht sie abzulenken, „und Sie?"

Heimlich schmeckt's einfach besser!

„Wenn's schnell gehen muss, dort hinten am Wittenbergplatz eine Currywurst, sogar eine biodynamische."

„Kässpätzle wäret mir zwar lieber", meint Miriam, „aber manchmal pfupfert's mich und dann druck ich eine Currywurscht nonder, wenn mich keiner sieht, der wo mich kennt."

„Der wo, das klingt heimatlich für mich … fast amerikanisch: The man who…, verstehen Sie?"

„Das bleede ischt, ich versuch mir dieses ‚Wo' abzug'wöhne, aber wenn ich mich wohl fühl, dann rutscht's mir eifach raus."

„Also mir gefällt's. Aber sagen Sie, warum müssen Sie ihre Currywurst heimlich essen? Ist das schwäbischen Frauen in Berlin verboten?"

Miriam muss unwillkürlich schmunzeln. „Noi! Des ned, aber am Kollwitzplatz muss ich mir gleich was anhöre, wenn die schwäbische Brezelverkäuferin Currywurscht b'stellt – und außerdem: Heimlich schmeckt's oifach besser!"

Die beiden schlendern Richtung Imbissbude, jegliche Verkrampfung scheint von Miriam abgefallen zu sein, ja man wundert sich, wie diese Frau je hat verkrampft sein können, wenn man sie fröhlich plaudernd mit dem Alten sieht, bei dem sie sich kurz entschlossen untergehakt hat. Auch Albert scheint sich in ihrer Gesellschaft wohl zu fühlen. „Was treibt Sie eigentlich vom Kollwitzplatz an den Kudamm?" Miriam seufzt kurz, „ach wisset Sie, des ischt eine lange G'schicht, die verzähl ich Ihne beim Essa…"

Nachdem Albert zweimal Currywurst bestellt hat, aber Miriam es sich hat nicht nehmen lassen zu bezahlen, tragen sie ihre Mahlzeit zu einem der Stehtische. Mit Heißhunger macht sie sich über die Wurststücke her, nicht ohne sie jedes Mal tief in die gewürzte Soße einzutunken und dann elegant zwischen ihren Lippen verschwinden zu lassen. Obwohl Albert sich große Mühe gibt, es ihr gleichzutun, überzieht er seinen gewaltigen Schnauzer mit Currysauce. „Jetzt aber zu Ihnen!", lenkt der Alte von seinem Malheur ab, während Miriam ihm eine Serviette reicht. „Sie wollten mir erzählen, warum es Sie heute hierher verschlagen hat."

Wer will scho Tag und Nacht alloi sei?

„Wer will scho Tag und Nacht alloi sei?", bricht es aus Miriam heraus. Und dann erzählt sie, wie es ihr ergeht, wenn sie mit ihren Brezeln unterwegs ist. Zwar ergebe sich da durchaus ab und zu ein kleiner Flirt. Aber das Angebot eines Kunden, eine Nacht mit ihr zu verbringen, habe sie aus ästhetischen Gründen ausgeschlagen, wohlgemerkt nicht aus moralischen (ein Zeichen dafür, dass sie längst bereit war, ihre Prinzipien aufs Spiel zu setzen). „Den hab ich einfach ned verschmecka könne und gmeichelet hat er obadrein."

„Gemeichelet?", Alberts Blick verrät, dass er mit dem Wort nicht viel anfangen kann.

„Nicht gut gerochen", erklärt Miriam. „Ungepflegt war er halt. Und da geht bei mir scho glei gar nix!"Und so sei sie halt wieder einmal allein geblieben. Tagsüber sei es ja kein so großes Problem mit der Einsamkeit: „Da kann man sich drüber weg b'scheißa". Da gebe es genügend Ablenkung. Das Problem seien eher die Abende. „Mir Fraue habet's da besonders schwer. Ma kann ja ned jeden Abend in d'Beiz am Eck, da wirscht entweder depressiv oder zum Alkoholiker. Wisset Sie, in Berlin fehlt mir einfach die Feschtleskultur, wie mir sie im Ländle hent. Ob in einer Besenwirtschaft oder beim Feuerwehr-, Frühjahr-, Sommer- oder Herbschtfeschd, bei der Dorfhocketse oder beim Backhausfeschd, da ischt ma zamme und kann sich ganz nebenbei nach einem Kerle umgucka."

„Aber in Berlin wird doch auch gefeiert und viel mehr als bei den fleißigen Schwaben, wenn ich mich nicht irre."

„Scho, aber ganz anders halt", seufzt Miriam, „die Junge ganget in d'Disco, da isch's dunkel und allmachtslaut, da siehsch ned, ob so ein Kerle total vergrota ischt, und schwätza kansch auch ned miteinander. Soll ich am Ende mit einem Kerle heim gange, den ich gar ned kenn ond dem sei G'sicht ich zum erschte Mal unter der Straßenlatern seh??"

Albert amüsiert sich, weil Miriam sich so sehr in Rage geredet hat. „Entschuldigen Sie, aber wenn sie wütend sind, sehen Sie wirklich komisch aus."

„Des hat scho amal oiner zu mir g'sagt, des isch halt mei Temperament. Und wenn ich richtig narret be, na ganget Gäul mit mir durch, da kenn ich mich nemme!" Miriam versucht sich wieder zu fassen und erzählt Albert von ihrem Salsakurs, den sie in der Volkshochschule belegt hat, weil er da nicht so viel kostet. „Aber des Geld hätt ich mir schpare könne, weil der einzige Mann in dem Kurs isch der Tanzlehrer g'wäsa, auf den alle Fraue abg'fahre sind."

„Warten Sie einen Moment, ich hole uns noch was zu trinken".

Uf jar keen Fall setzte dir an' Tisch!

Während Albert sich an der Theke anstellt, läutet Miriams Handy. „Elke! Nein, ich bin nicht daheim", bemüht sie sich hochdeutsch zu sprechen, „Du glaubsch nicht, wen ich grad mittla auf em Kudamm getroffen habe. Das erratesch du nie! Er holt grad noch ein Bier ... Ja, ein Traummann, aber ich kann jetzt ned, ich verzähl's dir heut Abend, o.k.? Ja, mach's au gut, tschüs, ade."

Albert kommt mit zwei weiteren Flaschen Bier. „Zum Wohl! Es kann weitergehen ..."

„Zum Wohl auch!", Miriam nimmt einen Schluck, „wisset Sie, wer mich grad angrufen hat?"

„Woher sollte ich das wissen? Telepathie zählt nicht gerade zu meinen Stärken." Ihre Freundin Elke habe angerufen, eine waschechte Berlinerin und überzeugter Single. Bei ihr sei sie sozusagen in die ‚Lehre' gegangen.

„Entschuldigung, aber ich habe nicht den Eindruck, als müssten Sie noch irgendwo in die Lehre gehen."

„Habet Sie eine Ahnung! Mir send in ein Lokal gange, wo i no gar nie g'wesa bin. Ein ‚Single-Lokal', und da hat sie mich erscht amal aufgeklärt."

Albert sieht Miriam ungläubig an.

„Ned wie Sie denket! Auf breitem Berlinerisch hat sie mir die Spielregeln erklärt." Sie ahmt ihre Freundin nach: „Uf jar keen Fall setzte dir an' Tisch! Da biste wech von d'Fensta. Du stellst dir an die Bar – aber nich irjendwo, sondern visavis von d'Einjang. Da siehste jleich, wenn so'n Kerl det Lokal entert, wa! Und wenn da keen Platz mehr is, weil andere Frauen ja och nich doof sin, stellste dir in die Nähe von die Toilette! Da komm' die Jungs alle mal vorbei! Wenn se rin jehn, haste Zeit, se dir nochma durch'n Kopf jehn ze lassn. Und wenn se entspannt wieder kommen, kannste noch mal prüfn, ob du mit hormoneller Blindheit jeschlagen warst, oder der erste Eindruck Wort jehalten hat."

„Hormonelle Blindheit! – Das Wort muss ich mir merken".

„Wisset Sie, wie die Underrichtsstund geendet hat? – Meine Freindin ischt mit einem Bähmulle abgezoga und ich bin allein heim gedackelt. Da hab ich mich vor lauter Fruschd in mein Maugeneschd hinein verzoga und am anderen Tag hab ich ein halbes Kilo mehr auf den Rippen g'habt!"

Wieder interveniert Albert wegen seiner mangelnden Sprachkenntnisse: „Maukennest", bemüht er sich, Miriam nachzuahmen, „klingt ja ziemlich geheimnisvoll!"

„Kennet Sie net? Des isch ebbes, des wo man heimlich macht, wo keiner zugucke derf!"

„Aha!", kommt es ungläubig zurück, und Miriam merkt, dass diese Erklärung noch nicht ausreicht.

„Da dafür gibt's fei kein Wort im Hochdeutschen, des hat ebbes mit Hinterhalt zum tun (sie deutet auf ihren Bauch) und handelt sich um einen Ort, wo ma seine Nerven beruhigen kann. Eine Art Sündenfall, wenn Sie verschdehn, was ich meine."

„Nein", kommt es entschieden zurück, „nicht ganz."

„Jetz aber, stellet Sie sich ned dümmer, als Sie sind!", entrüstet sich Miriam, „Schlemmen, Gutsle in sich rein stopfen, Fruschtessen könnt ma auch da dazu sage."

„Verstehe – daher auch das Kilo auf den Rippen."

„Halbe Kilo!", verbessert Miriam, „in dem Punkt versteh ich fei keinen Spaß –proscht, Herr Albert!"

Albert greift nach seiner Flasche und prostet ihr zu. „Was ich sagen wollte – Sie machen es einem ja relativ leicht, aber als Mann bemüht man sich oft ein Leben lang, das Wesen einer Frau zu verstehen. Da wäre es oft einfacher, sich mit weniger schwierigen Dingen zu befassen – wie zum Beispiel mit der Relativitätstheorie..."

„Muss ich das verschdehe?"

„Das ist relativ einfach, ich erkläre es Ihnen bei unserer nächsten und womöglich genauso unerwarteten Begegnung, auf die ich mich jetzt schon freue!" Mit diesen Worten verabschiedet sich Albert von Miriam, die ihm noch lange verwundert nachschaut.

Laupheim meets Hollywood

*Dr Oi ischt weltläufig,
dr Ander verhockt*

Zu Beginn des Jahrhunderts treffen sich zwei Schwaben in Hollywood: Hans Hohner, Sohn von Matthias Hohner, dem Begründer der Mundharmonikafabrik in Trossingen, und Carl Lämmle aus Laupheim, der 1884 nach Amerika ausgewandert und schnell zu einem der bedeutendsten Filmproduzenten Amerikas geworden war. Hohner wiederum war über den Atlantik gekommen, um die Mundharmonika dort heimisch zu machen. Er hatte einen gigantischen Erfolg, gründete flächendeckend Harmonikaorchester, initiierte wöchentliche Rundfunkkonzerte, die ausschließlich mit Hohnerinstrumenten bespielt wurden, übertraf sich ständig selbst mit neuen Werbeideen und verkaufte Millionen Mundharfen.

Hohner und Lämmle trafen sich in den Universal Studios, wo der Laupheimer gerade einen Western inszenierte. Wie die Begegnung abgelaufen ist, wissen wir nicht, aber wir können es uns vorstellen:

Lämmle ruft laut: „Cut!", lobt seine Schauspieler: „Very good" und will ihnen eine Pause gönnen: „Have a Coffee!" Aber er wendet sich dann noch an einen seiner Mimen: „Adam, when you take the harp, make sure, we can read the engraved brand Name. Just for a moment you must hold it so, that it glitzert... äh, it twinkles. Hold it in the light of the fire. You have to show us, it is not just a harmonica, it is a Hohner!" Also der Schauspieler sollte darauf achten, dass die Mundharmonika so ins Bild kam, dass der Name Hohner gut zu erkennen war. Produkt-Placement nennt man so etwas heute. „Sie muss glitzern. Du musst uns zeigen, es ist nicht nur eine Harmonika, es ist eine Hohner!" Dies alles mit einem Seitenblick zu dem Neuankömmling.

„So isch's recht!", sagt der, „dass Sie da dran denket, Herr Lämmle, ohne dass i's extra han sage müsse!" Hohner versucht gar nicht erst, amerikanisch zu reden und Lämmle lässt sich sofort darauf ein. „Herr Hohner, es ist mir eine Ehre, dass Sie unser Studio besuchen."

„Die Ehre ist ganz meinerseits. Universal Pictures Hollywood. Reschpekt! Was Sie da für ein Studio hingstellt haben ond des in so kurzer Zeit."

„Und mir drehet da oin Film nachem andere. I sag's ja emmer: Da müsset zerscht amal Schwoba komme, die wo dene Amerikaner zeiget, wo's lang geht."

„Wie lang sind Sie jetzt scho homma? Also hier drüben?"

„Ich hab Sie schon verstande, Herr Hohner. Seit anno 84. Und selber?"

„1892 bin ich zum ersten Mal rüber kommen. 99 dann für immer."

„Des wär nix für mich", antwortet Lämmle, „für immer. I fahr alle zwoi Jahr nüber nach Laupheim. Da kenn i nix. No way. Mei Laupheim ischt halt doch a schöns Fleckle. Sie könnet en Lämmle aus Laupheim nausdrucke. Aber Laupheim aus ame Lämmle? – Never!"

Hohner lobt seinen Landsmann, dass er die Mundharmonika so wirkungsvoll in den Film einbaue, worauf der Laupheimer sagt: „No ja, wenn oiner so anständig bezahlt dafür…"

Einen anderen Schwaben trieb es schon mit 25 Jahren in die Welt hinaus – nicht um dort Karriere zu machen, sondern aus schierer Neugierde: Ferdinand Graf Zeppelin aus Friedrichshafen am Bodensee. Der junge Leutnant wollte den Bürgerkrieg zwischen den Nord- und den Südstaaten Amerikas studieren und bekam dafür vom württembergischen König Wilhelm I. gnädig Urlaub. 1863 fuhr er mit einem Dampfschiff nach New York, reiste weiter nach Washington und wandte sich an den deutschen Diplomaten Rudolf Schleiden mit der Bitte, er möge ihm doch eine Audienz bei Präsident Abraham Lincoln beschaffen. Offenbar beeindruckte der junge schwäbische Offizier den Diplomaten so sehr, dass der umgehend ein Schreiben verfasste: „An Präsident Abraham Lincoln, Washington, Pennsylvania Avenue 1600. Heute hatte ich den Besuch eines jungen Offiziers der württembergischen Armee in Deutschland. Ferdinand von Zeppelin. Der junge Graf macht einen sehr aufgeweckten und höchst angenehmen Eindruck. Man merkt ihm wenig den jungen Offizier an, aber wohl gute Erziehung und Weltton. Er hat das Glück gehabt, am Bodensee groß geworden zu sein. Auch die Art, wie er seine Ansichten über die politischen Verhältnisse aussprach, war sehr vernünftig, liberal und macht ihm Ehre…"

Schon wenige Tage später empfing der Präsident Graf Zeppelin im Weißen Haus. Darüber schreibt der junge Mann an seinen Vater: „Ich hatte dazu feierlich Gehrock und Zylinder angelegt, doch sie (die Audienz) verlief ohne besonderen Pomp. Ich wurde im Weißen Haus in das Arbeitszimmer des Präsidenten geführt. Da erhob sich hinter dem Schreibtisch eine sehr große hagere Gestalt mit großem Kopf und langem ungepflegtem Haar und Bart, mit auffallend hervortretenden Backenknochen, aber klugen und freundlich blickenden Augen. Auf den Schreibtisch setzte sich dann während der kurzen Dauer der Unterredung der Privatsekretär Reed und ließ seine mit mokassinartigen Schuhen bekleideten, weit aus den Hosen heraus steckenden Füße taktmäßig hin- und herbaumeln... Bevor mir die Audienz gewährt wurde, hatte der Präsident angeordnet, Erkundigungen über mich einzuziehen. Durch die Güte des Herrn Schleiden besitze ich ein an den Kriegssekretär Stanton gerichtetes kurzes Schreiben, worin er fragt, ob die über mich eingezogenen Erkundigungen die Gewährung meiner Bitte um einen Pass zur Armee gestatten würden. Diesen Pass, der mir volle Bewegungsfreiheit unter den Armeen der Nordstaaten gibt, erhielt ich dann auch."[6]

Der Mann aus Friedrichshafen war allerdings von der Art der Amerikaner, Krieg zu führen, mehr als enttäuscht. An seinen Vater schrieb er: „Nirgends planmäßiges Zusammenarbeiten, keine Aufklärung gegen den Feind, kein Generalstab, keine Karten und keine dem Gelände angepasste Taktik. Und das, obwohl der Krieg schon Jahre dauert!"

Zeppelin zog es vor, sich einer Expedition zweier Russen und zweier Indianer anzuschließen, die bis zum Quellgebiet des Mississippi vordringen wollten, brach aber die abenteuerliche Reise ab, um einen Forscher zu besuchen, der im Auftrag der Nordarmee Fesselballone zum Zweck der Feindbeobachtung aus der Luft entwickelte.

Die Idee war nicht neu. Schon 1794, also annähernd 70 Jahre früher, war Jean-Marie-Joseph Coutelle mit dem französischen Militärballon „Entreprenant" zur ersten Fernaufklärung aufgestiegen. 1796 wurde ein Ballon gleicher Bauart von den napoleonischen Truppen in der Schlacht von Würzburg eingesetzt. Aber die Franzosen haben die Schlacht trotzdem verloren, und die kaiserlich-österreichischen Truppen haben den Ballon erbeutet!

Graf Zeppelin stieg in die Gondel eines Ballons, aber das Traggas war so schwach, dass er nur knapp über die Kronen der umstehenden Bäume kam. Wir wissen nicht, ob ihm da schon der Gedanke durch den Kopf ging, später einmal ein Luftschiff zu bauen, das man lenken konnte, sodass es nicht mit Seilen an den Boden gefesselt werden musste, damit der Wind es nicht richtungslos davon trieb.

Im Herbst des Jahres 1863 kehrte er nach Stuttgart zurück, wo er rasch zum Adjutanten des Königs avancierte und anschließend eine ansehnliche militärische Karriere machte, ehe er begann, sich auf den Bau großer Luftschiffe zu kaprizieren, die dann tatsächlich lenkbar waren und mehrfach um die Welt flogen und insgesamt über 25 000 Passagiere transportierten, ehe das schwere Brandunglück in Lakehurst 1937 dem Zeppelinbau ein jähes Ende setzte. Im 18. und 19. Jahrhundert gab es für viele Schwaben viele Gründe auszuwandern: politische Unterdrückung, Missernten, eine viel zu hohe Steuerlast, harte Frondienste, Militärpflicht. Der Kampf ums Überleben, Abenteuerlust und Freiheitsdrang wirkten bei vielen, die ihre Heimat verließen, zusammen. Manchen blieb auch keine andere Wahl. Jenen zum Beispiel, die sich unter Struves und Heckers Kommando beim badischen 1848er Aufstand gegen die Obrigkeit aufgelehnt hatten und die Graf Zeppelin im amerikanischen Bürgerkrieg zum Teil getroffen hat. Es waren viele Schwaben darunter, und manch einer verzog sich nach Amerika, als die Fürsten mit preußischer Unterstützung die Revolution niedergekämpft hatten.

Ein Krug Bier aus Amerika

Die meisten aber verließen ihre Heimat, weil sie sich in Übersee ein besseres Leben versprachen. Einige allerdings auch aus ganz anderen Gründen. Thaddäus Troll erzählt folgende Geschichte: Ein Vater schickte seinen Buben ins „Lamm" und ließ ihn dort einen Krug Bier holen. Auf dem Heimweg trank der Bub das halbe Krügle leer, bekam es mit der Angst zu tun, brannte durch, ließ sich in Hamburg als Schiffsjunge anheuern, diente sich in Amerika auf dem bekannten Karriereweg hoch und war nach 15 Jahren Besitzer einer Großschlächterei in Chicago. Da fuhr er wieder in die Heimat, ging ins „Lamm", holte einen Krug Bier, kam damit in die elterliche Wohnung und stellte den Krug auf den Tisch: „Do, Vatter, wär des Bier!" Der Vater stand auf, haute dem Sohn links und rechts eine runter und sagte: „Herrgottsblitz, dreckter – lässt mr sein Vatter au so lang auf's Bier warte?!"

Aus den Zeiten des Aufbruchs gibt es viele ähnliche Geschichten und Anekdoten. Manche sind authentisch, andere nur gut erfunden. Heute aber, da wir's mit der Globalisierung zu tun haben und schnelle Flugzeuge die Menschen in kürzester Zeit in jeden Winkel der Erde bringen, sind keine solchen Heldentaten mehr zu vollbringen. Allenfalls könnte man erwähnen, dass es in keinem Landstrich Deutschlands so viele Firmen gibt, die Weltmarktführer sind wie in Württemberg. Deren meist mittelständische Unternehmer erarbeiten sich immer wieder aufs Neue mit ungewöhnlichem Geschick ihre Positionen in allen aufstrebenden Märkten der Welt. Oft stellen sie nur ein unscheinbares Produkt her, aber das in einer Qualität und technischen Reife, dass es dem aller anderen Produzenten überlegen ist.

Sie alle stehen sozusagen in der Erbfolge von Max Eyth, der 1836 in Kirchheim unter Teck geboren wurde. Dessen Vater war bekannt als Homer-Übersetzer, und niemand hätte vermutet, dass aus dieser Familie ein technisches und wirtschaftliches Genie hervorgehen würde. Max Eyth führte in Ägypten den Dampfpflug ein, baute als Chefingenieur des Prinzen Halim Pascha Bewässerungspumpen, Seilschlepper, Dreschmaschinen und Dampfboote. 29 wichtige Erfindungen für die Landwirtschaft gehen auf ihn zurück, und er war nebenher auch noch ein beachtlicher Schriftsteller.

Dass schwäbische Unternehmer und Ingenieure immer auch ein Gespür für Kunst und Literatur hatten und diese Tradition bis heute fortführen, sieht man am Beispiel von Heinz Dürr, der Chef der Deutschen Bahn und bei Daimler war und mit seinen Fabriken für Lackiermaschinen heute weltweiten Erfolg hat. Gemeinsam mit seiner Frau fördert er in einer Stiftung innovatives deutsches Theater und hat zahllose wichtige Uraufführungen unterstützt. Und zudem hat er zwei beachtliche Bücher geschrieben.

Ulrich Bez, 1943 in Bad Cannstatt geboren, ist heute der unumschränkte Chef des britischen Autoherstellers Aston Martin. Er hat aus dem kränkelnden Unternehmen eine profitable Firma gemacht. Dasselbe gelang ihm davor schon in Südkorea, wo er den Autokonzern Daewoo aus einem Schattendasein zu weltweitem Erfolg führte. Auf die Frage, ob er Weltbürger oder Schwabe sei, antwortete der smarte Canstatter: „Ich bin ein internationaler Schwabe. Mich interessiert, was in der Welt vorgeht, was man dort machen kann. Ich will nicht nur meine Brezeln in der Welt verkaufen, sondern auch erfahren, wie die Welt möglicherweise meine Brezeln beeinflusst. Auf dr Schwäbische Alb hab i no a Äggerle. Du kriegst das ja immer vererbt. Und a Schtück Wald hab i au no."

Dass es ihn einmal dahin zurückziehen könnte, schließt Bez allerdings aus. Heimat sei für ihn, wo seine Frau und seine Kinder seien. Wenn man aus Carl Lämmle einst Laupheim nicht nausdrucka konnte, so braucht man's bei Ulrich Bez gar nicht erst zu probieren, weil er eben das Schwabenland nicht ständig mit und in sich herumträgt. Er ist das, was man einen Weltbürger nennt.

I verreis gern, aber abends will i dahoim in meim Bett sei

Diesem weltläufigen Typen des Schwaben, den es in unzähligen Schattierungen gibt, kann man aber auch heute noch den verhockten Schwaben gegenüberstellen. „I verreis gern", sagte der Vater eines unserer Autoren, „aber abends will i dahoim in meim Bett sei!" Er war Lehrer. Und von einem Lehrer einige Generationen vor ihm wird erzählt, er habe Besuch vom Oberschulrat gehabt und der habe indigniert gefragt, warum es an der Schule nur eine Deutschlandkarte gebe, keine Weltkarte, nicht einmal eine von Europa. Der ebenfalls anwesende Bürgermeister antwortete stellvertretend für seinen Schulmeister: „Weil mr schließlich schpare muss. Und a Kart von Europa brauchet mit sowieso net. Von unsere Kender kommt ja doch nie eins nach Europa!"

Heute reisen unsere Kinder schon früh ins Ausland, verbringen im Schüleraustausch ganze Jahre in Frankreich, England oder Amerika. Die meisten sprechen Englisch so gut wie Deutsch und nicht selten besser als Schwäbisch. Die Kommunikation über die neuen Medien ist international. Und die schönste aller schwäbischen Auslandsanekdoten klingt heute nur noch nostalgisch: Ein schwäbischer Unternehmer hat seinen Filialbetrieb in Sydney, Australien, besucht und danach die letzte Maschine vor dem Wochenende verpasst. Die nächste ging erst wieder am Montag. „Jetzt stell dir das vor", räsonierte er gegenüber einem Freund, „no ben i 's ganz Wochenende in Sydney g'hockt, ond dahoim hätt' mr d'Bäum spritze müsse."

Gelbfüßler hier wie dort
Es gibt Badische und Unsymbadische

*„Natürlich ist in Baden-Württemberg nicht
alles wie im Paradies…
Vieles ist besser."*

<small>Aus einer Werbebroschüre des Landesregierung</small>

Badener und Württemberger, das sind zwei Paar Stiefel, obwohl sie vor 1700 Jahren einmal eins waren. Seit dem 25. April 1952 sind sie wieder beisammen, aber eine Liebesheirat war das nicht, und die Ehe ist bis heute nicht rundherum glücklich, obwohl eigentlich alle Beteiligten Grund genug hätten, glücklich zu sein. Die Badener sagen heute noch: „Es gibt Badische und Unsymbadische" – und mit den Letzteren sind die Württemberger gemeint.

Wie die Schwaben denken, ergibt sich aus der über hundert Jahre alten Schilderung eines heruntergekommenen Landmanns und dessen Niedergang, die noch immer gerne zitiert wird: „Z'erscht hat er bei der Fußartillerie dient, dann ischer Sozialdemokrat worde. Schließlich hat er katholisch geheiratet. Und am End ischer em badische Ausland gschtorba."

Dabei kommen Schwaben und große Teile der Badener eigentlich beide aus dem kargen Brandenburg. Im dritten Jahrhundert nach Christus verließen die Sueven, ein Stamm der Semionen, die Märkische Heide und zogen nach Süden, um sich in den früher von Kelten bewohnten römischen Siedlungsgebieten an Neckar und Donau, in den Vogesen und in den nördlichen Alpen niederzulassen. Die Badener stammen, soweit sie Alemannen sind, genau so von den Sueven ab wie die Schwaben. Erst nach der zweiten Lautverschiebung entstand die Trennung.

Die zweite, auch deutsche Lautverschiebung genannt, begann etwa um 500 nach Christus. Die südlichen westgermanischen Dialekte entwickelten sich zum Althochdeutschen und verdrängten das Niederdeutsche, eine dem Englischen verwandte Sprache. Im Wesentlichen änderten sich dabei zunächst nur die Konsonanten. So wurde aus *slapen* (englisch „sleep") schlafen, aus *Peper* (englisch „Pepper") wurde Pfeffer. *Dat, wat, eten* (englisch „that", „what", „eat") wurden zu das, was und essen.

„Zwei Barrieren konnte die Lautverschiebung nicht überwinden: geografisch den Schwarzwald und den Bodensee, geistig die Grenze des reformatorischen Einflussgebietes Zwinglis", analysierte einmal Thaddäus Troll. Und so entstand die Trennung. Jenseits von Schwarzwald und Bodensee nannten sich die Bewohner nach wie vor Alemannen, während sich diesseits nach und nach der Name „Schwaben" einbürgerte.

Sind also Württemberger und Badener Vettern, wenn nicht gar Brüder? So stimmt das auch wieder nicht; denn Baden hat in seiner wechselvollen Geschichte immer wieder neue Grenzen und damit den Zuwachs ganzer Volksstämme erhalten. Durch den Reichsdeputationshauptausschuss von 1803 erhielt die Markgrafschaft Baden rechtsrheinische Teile der Pfalz und die

Bistümer Konstanz, Basel, Straßburg und Speyer zugeschlagen und hieß nun Kurfürstentum Baden. Zwei Jahre später kamen durch den Friedensschluss von Pressburg (1805) die vorderösterreichischen Landschaften Ortenau und Breisgau hinzu.

Bei der zweiten großen Völkerwanderung, nach dem Zweiten Weltkrieg, erreichte der Flüchtlingsstrom aus dem Osten Württemberg und Baden und brachte viele Veränderungen mit sich. Schlesier, Pommern, Ost- und Westpreußen suchten eine neue Heimat im Süden der Republik. Nur knurrend rückten die Einheimischen zusammen. In einem kleinen Ort bei Tübingen waren eines Tages über 20 Prozent der Bürger sogenannte Neubürger aus dem Osten. Wie die Alteingesessenen darauf reagierten, illustriert eine kleine Anekdote. Ein alter Mann aus Schlesien, der die Flucht nur wenige Monate überlebt hatte, war gestorben. „Gosch zu dem seiner Beerdigung?", fragte ein Schwabe seinen Nachbarn, und der antwortete ablehnend: „Moinsch, der goht zu meinera?" Und als Ersterer die Frage nachschob: „Wie alt ischer denn worde?", zuckte sein Nachbar nur die Achseln. „Koi Ahnung!" Ein Dritter wusste es: „74!" Da nickte der Frager ein paar Mal schwer mit dem Kopf und sagte. „A schöns Alter ... für en Flüchtling."

Dennoch: Wer tüchtig war, sich einfügte und anpasste, schaffte wie einer der Ureinwohner und sonst nicht groß auffiel, wurde in Württemberg wie in Baden schneller integriert als anderswo. Schon 1948 konnte ein Flüchtling Kassenwart des Gesangvereins werden. Andere wurden sogar in den Schwäbischen Albverein aufgenommen. Wer klug war, begriff schnell: Nur Außenseiter hatten es in dieser Weltgegend schwer. „Wehe, wenn du nicht dazu gehörst", klagten manche Leute aus der kalten Heimat, wie die Flüchtlinge bald genannt wurden. Und dazuzugehören war nicht immer einfach. Es dauerte zum Beispiel eine Zeit, bis die Hausfrauen unter den Neuankömmlingen begriffen, dass es normale Kopfkissen auf den Betten gab und wunderschöne, aber unbenützte Paradekissen, die man zum Lüften und Sonnen auf die Fensterbank legte, wo sie die Blicke der Nachbarn auf sich ziehen konnten. Auch mit der Kehrwoche hatten viele der Zugereisten am Anfang Probleme. Ob es nicht ihre Sache sei, wie sie vor ihrer Haustür kehre, fragte eine von ihnen und bekam zur Antwort: „Sie könnet mache, was Sie wollet, solang mr 's net sieht. Aber, ob Sie Ihr Kehrwoch g'macht habet – des sieht mr."

Aus Prinzip liberal

Ende der Fünfziger-, Anfang der Sechzigerjahre kam es zu einer dritten, wenn auch ungleich kleineren Völkerwanderung aus dem Süden nach Baden und Württemberg. Italiener, Türken, Spanier, Portugiesen, Jugoslawen und Griechen wurden als Gastarbeiter angeworben. Auch ihnen wurde es nicht immer leicht gemacht. Aber bald schon hatten schwäbische Daimlerarbeiter gute Freunde, die sie am Band kennen gelernt hatten und die Luigi, Pepe oder Zoran hießen und deren gebrochenes Deutsch besonders trollig klang, weil es schwäbisch eingefärbt war. „Die mache onser ganze schönes Ländle he", sagte einmal ein italienischer Taxifahrer zu einem unserer Autoren und deutete dabei auf zwei Türken, die achtlos ihre Kippen auf den Bürgersteig fallen ließen und austraten.

Zurückhaltung gegenüber dem, was fremd ist, ja, die gab es. Rigorose Ablehnung war nicht die Sache der Badener und der Württemberger. Der deutsche Südwesten ist traditionell liberal. Von der aufgeschlossenen Bürgernähe des letzten württembergischen Königs Wilhelm I. haben wir schon erzählt. Auch nebenan, in Baden, regierten vernünftige und deshalb populäre Herrscher. Großherzog Friedrich I. (1826–1907) und sein Sohn Friedrich II. (1857–1928) haben sich vor allem durch eine fortschrittliche Kulturpolitik hervorgetan. 1854 schon gründete Friedrich I., damals noch als Prinzregent, die spätere Kunstakademie in Karlsruhe. Die Polytechnische Schule wandelte er in eine Technische Hochschule um. Die Universitäten in Freiburg und Heidelberg baute er zielbewusst aus. 1893 gründete er das erste deutsche Mädchengymnasium in Karlsruhe, 1900 führte er das Frauenstudium ein. Deshalb erhielt auch Baden – und nicht etwa Württemberg, wie die Schwaben stur, aber falsch behaupten – den Beinamen „Musterländle", der freilich inzwischen von den Baden-Württembergern gemeinsam getragen wird.

Großherzog Friedrich II. trat 1918, nach elfjähriger Regierung, zurück und machte einer Staatsregierung mit einem Präsidenten an der Spitze Platz. Das verlief genauso unaufgeregt wie bei König Wilhelm I. in Stuttgart.

1919 brachten die Kommunisten im Reichstag den Antrag ein, aus den ehemaligen Monarchien Baden und Württemberg einen gemeinsamen Verwaltungsbezirk Südwest zu machen. Hüben wie drüben hat man das damals als eine ungeheure Zumutung empfunden, und zwar nicht nur deshalb, weil der Vorschlag von Kommunisten kam.

Im April 1952 war es dann doch so weit. Die Länder Württemberg-Hohenzollern (Regierungssitz Tübingen), Württemberg-Baden (Regierungssitz Stuttgart) und Baden (Regierungssitz Freiburg), die entsprechend der Besatzungszone von den Alliierten so festgelegt worden waren, wurden vereinigt. Dem waren Volksbefragungen vorausgegangen, eine davon am 24. September 1950, die als Probeabstimmung nur informativen Charakter besaß. Die Mehrheit in Württemberg-Baden und Württemberg-Hohenzollern (76,7% beziehungsweise 92,5%) sprach sich für ein Zusammengehen der Länder aus. Im Land Baden, das genau genommen nur Südbaden umfasste, waren die Bürger für einen eigenen Freistaat. Auch in Nordbaden waren mit 51 Prozent die Einheimischen gegen den Südweststaat, aber da ihre Stimmen gemeinsam mit denen der Württemberger gezählt wurden, ergab sich eine komfortable Mehrheit für den geplanten Zusammenschluss.

Leo Wohleb, Staatspräsident und Kultusminister Badens mit Sitz in Freiburg, startete eine fulminante Kampagne gegen den Zusammenschluss. Er wollte den Freistaat Baden in den Grenzen von 1933 wieder haben und brachte dafür auch seine südbadischen Landsleute auf die Straße. Ein Versuch, die Vereinigung per Verfassungsgerichtsurteil zu verhindern, führte immerhin zu einem Aufschub. Jetzt kam der Bundestag ins Spiel, der auf Initiative der Bundesregierung ein Neugliederungsgesetz auf den Weg brachte, das den Modus für eine Volksabstimmung über den Südweststaat festlegte. Wohleb bezeichnete dies als Rechtskränkung Badens und als „morbus badensis".

Es half alles nichts. Am 9. Dezember 1951 stimmte eine Mehrheit erneut für die Gründung des Südweststaates, der nach Vorschlag des Bundesverfassungsgerichts den Namen Baden-Württemberg erhielt.

Eine Feindschaft zwischen den Nachbarn aus Baden und Württemberg gab es eigentlich nie. Man konnte sich nur nicht leiden. Empfanden sich die Schwaben als selbstbewusst, nannten die Badener sie hochmütig und eingebildet. Glaubten die Badener, sie seien lebensfroh und den schönen Dingen des Lebens zugetan, nannten die Schwaben ihre Nachbarn leichtlebig und unsolide.

Der Schiller und der Daimler

Die Schwaben hatten nie Probleme, sich selber zu loben. „Der Schiller und der Hegel, der Uhland und der Hauff. Das ist bei uns die Regel, das fällt fast gar nicht auf!" Den Spruch kennt nahezu jeder Schwabe. Und manch einer fügt dann hinzu: „Und von Hölderlin, Mörike oder Christoph Martin Wieland war noch gar nicht die Rede."

Man könnte auch Gottlieb Daimler nennen. Und das sollte man auch tun. Aber was wäre Daimler ohne den Badener Carl Friedrich Benz und dessen couragierte Frau Berta gewesen, die mit dem Benz-Mobil die erste Fernfahrt bewältigte. Und hätte nicht der Karlsruher Förster und Erfinder Karl Friedrich Drais von Sauerbronn seine Draisine, eine Laufmaschine und Vorläuferin des Fahrrads, erfunden, wäre Daimler vielleicht nicht auf die Idee gekommen, sie zu motorisieren. Denn bevor er Automobile baute, hatte er den Motorantrieb an einem Zweirad ausprobiert.

Die Schwaben müssen die badischen Nachbarn immer mal wieder um Nachsicht bitten. Sie wissen ja oft selbst nicht, wie sie mit sich selber auskommen sollen. Ganz anders der Badener. Er gilt als lebhaft, fantasievoll, genussfreudig und gastfreundlich.

Den Spitznamen „Gelbfüßler", so heißt es, hätten die Badener auch von einem Schwaben verpasst bekommen. Die Legende erzählt, die Badener hätten sich einst vorgenommen, dem durchs Land reisenden Kaiser einen Korb Eier zu schenken. Aber weil so viele zu diesem Geschenk hatten beitragen wollen, seien viel mehr Eier zusammengekommen, als in den Korb hineingepasst hätten. Die Badener hätten daraufhin die Eier mit den Füßen in den Korb hineingestampft, um mehr Platz zu schaffen.

Die gleiche Geschichte wird aber auch über die Bürger aus dem schwäbischen Bopfingen im Ostalbkreis berichtet. In einer alten Erzählung heißt es: „Als die von Bopfingen ihrem Herzog die jährliche Abgaben, die in Eiern bestanden, einstmals geben wollten, haben sie die Eier in einen Krättenwagen (Korbwagen) getan, und damit recht viele hineingingen, mit den Füßen eingetreten, was ihrer Ehrlichkeit keine Schande macht. Daher haben sie denn alle, die aus jener Gegend sind, in böser Leute Mund den Namen Gelbfüßler erhalten."

Der Kriegszug der sieben Schwaben

Und der schwäbische Mönch und Mundartautor Sebastian Sailer (1714–1777), vor allem bekannt geworden durch seine schwäbische Schöpfungsgeschichte, schreibt schon sehr viel früher in seiner Dialektdichtung *Die sieben Schwaben oder die Hasenjagd* im zweiten Aufzug: „Was trümlescht jetz so überzwear dohear. Ich glaub, du bischt dur älle Häusle im ganze Schwobaland durgwata', so siehscht aus." (Übersetzt etwa: „Was trampelst du jetzt so verquer daher. Ich glaub, du bist durch alle Aborte im ganzen Schwabenland gewatet …"). Diesen überzwerchen Schwaben nennt Sailer den Gealfüßler. Er ist der erste am langen

Spieß. Ihm folgen Knöpfle-, Nestel-, Mucken-, Spiegel-, Blitz- und Suppenschwab.

Fast ein Jahrhundert später schreibt Ludwig Auerbacher seine Erzählung *Kriegszug der sieben Schwaben* (1827). Da bringt er beide Legenden unter einen Hut. Bei ihm stammt jetzt der Gelbfüßler aus der alten Reichsstadt Bopfingen und hat die Farbe seiner Füße vom Eiertreten.

Wer auf die Idee kam, den Spitznamen eines der sieben Schwaben kurzerhand auf die Badener zu übertragen, weiß heute niemand mehr. Aber zwischen den beiden Stämmen hat es oft geheißen: Wie du mir, so ich dir. Und eine schlechte Taktik ist das ja nicht, etwas, was einem selber unangenehm ist, einfach dem anderen unterzuschieben.

Über beide Landesteile erzählt man auch, der liebe Gott habe ganz am Schluss seiner gestalterischen Arbeit an der Erde den Südwesten Deutschlands geschaffen. Er soll sich umgeguckt und erschrocken konstatiert haben, dass zwischen Donau und Main noch ein weißer Fleck gewesen sei. Aber da er von allem noch etwas übrig hatte, bastelte er aus den Resten ein wahres Musterländle.

Für Schwaben hat das der Berufenste von allen erzählt: Thaddäus Troll. Ständig bereit, sich auf ein besonders intimes Verhältnis mit dem lieben Gott zu berufen (siehe auch das Kapitel „Oh du liabs Hergöttle"), hält der Schwabe Troll dem lieben Gott auch eine Sonderanfertigung des Ländles zugute: „Im Süden hat er ein Versucherle Hochgebirge aufgetürmt, die weit fahrende Donau als anmutiges Jungfräulein entspringen lassen; den Neckar in den Letten gegraben, ihn mit lieblichen Nebenflüssen versehen, die Ufer mit Weinbergen garniert ...;

den dunklen und kühlen Schwarzwald aufgebaut und einen Teil davon in seiner übertriebenen Allgüte an die Badener verschenkt, dafür aber den Schwaben die raue Alb mit ihren Höhlen, Schafweiden, Felsen und markierten Wanderwegen zur Organisation dem Schwäbischen Albverein überlassen; den Schwäbischen Wald nur für landschaftliche Feinschmecker geschaffen; das graziöse Hohenlohe wie Perlen vor die Franken geworfen; das Ländle mit Burgen, Kirchen und Schlössern übersät … Und den Horizont hat er eng gemacht, damit sich der Einsasse entweder damit begnüge oder durch die Enge der Heimat die Neugier auf die Welt geweckt werde."[7]

Eine ganz ähnliche Geschichte ließe sich für das landschaftlich so schöne Baden auch erzählen. Die schöneren Teile des Schwarzwaldes liegen auf badischer Seite, das Rheintal, der Kaiserstuhl, die schöne Stadt Baden-Baden, Schwetzingen mit seinem wunderbaren Spargel … man kann ins Schwärmen kommen, mindestens so sehr wie über Schwaben. Aber das ist ja gar nicht mehr nötig; denn längst begreifen sich die Menschen als Baden-Württemberger. Der Fußballbundestrainer, wie sein Kollege Klopp von Borussia Dortmund, kommen beide aus dem Ländle, der eine aus dem badischen Freiburg (Löw), der andere aus dem schwäbischen Schwarzwald (Klopp), und auch der Bundestrainer der Handballspieler kommt aus Schwaben. Und wenn sie gewinnen, sind wir alle auf unsere Landsleute stolz. Schließlich ist uns wechselseitig der nächste Nachbar eben doch näher als jede andere Volksgruppe.

Einmal fuhr Eduard Mörike (1804–1875) mit seinem Dichterkollegen Emanuel Geibel (1815–1884) in der Kutsche von Cannstatt nach Stuttgart. Der Himmel war mit Wolkenlocken gemustert, die von der untergehenden Sonne bemalt wurden. Geibel ergriff Mörikes Arm: „Welch ein Schauspiel, lieber Mörike! Ist es nicht, als nähmen alle guten Geister wehmütig Abschied?" Mörike entzog dem Kollegen seinen Arm: „Des heißt bei uns Schäfleswolke!"

Mörike hätte auch Badener sein können!

Danke dr Nachfrog – emmer gnueg Gschäft

Handwerker mit Visionen

Niemand darf sich mit weniger begnügen,
als er mit seinen Talenten erreichen könnte.
Albrecht Ludwig Berblinger

Württemberg gilt bundes- und man kann fast sagen: weltweit – als das Land der hellen Köpfe und der geschickten Hände. Und das seit dem 19. Jahrhundert. Und auch heute noch wird hier mehr erforscht, erfunden und entwickelt als in allen anderen Regionen. Ein Großteil der deutschen Patentanmeldungen 2012 stammte aus Baden-Württemberg, das mit 13 638 Patenten knapp an der Spitze lag, vor Bayern mit 13 616. Nordrhein-Westfalen, das nach Einwohnerzahlen größte Bundesland, landete mit 8190 Anmeldungen weit abgeschlagen auf Platz drei. Dass in Bayern hauptsächlich in den größeren Städten, bei den Schwaben auch wesentlich im ländlichen Raum geforscht wird, wundert die Kenner der neueren Geschichte nicht. Der Münchner Ministerpräsident Franz Josef Strauß (1915–1988) läutete während seiner Amtszeit eine technische Revolution ein, die bald schon unter dem Motto „Laptop und Lederhose" bekannt wurde. Er konzentrierte die staatlichen Fördermittel auf seine Hauptstadt München und deren nähere Umgebung. In Schwaben ging es immer anders herum. Meistens waren es Einzelgänger, die von einer Idee fasziniert, ja regelrecht besessen waren, sich in die selbst gestellte Aufgabe verbissen und nicht locker ließen, bis sie die Lösung des Problems gefunden hatten.

Länder ohne Bodenschätze und mit geringer Landwirtschaft, also ohne Reichtum aus der Natur, haben nur eine Quelle, aus der sie schöpfen können: den menschlichen Erfindergeist. In Schwaben gibt es kein Erz und keine Kohle, die Böden, die landwirtschaftlich bewirtschaftet werden können, sind in weiten Teilen des Landes karg. Auf der Schwäbischen Alb singt man noch heute das Lied:

Wenn oiner a ſtoenigs Äckerle hat
ond au en schtumpfa Pflueg
ond no a grätigs Weib dahoim,
no hat er z'kratze gnueg.

Als bekanntester Erfinder fällt einem gleich Gottlieb Wilhelm Daimler (1834–1900) ein, der nicht nur den Benzinmotor, sondern gleich auch das erste Motorrad und das erste Motorboot entwickelt hat. Aber wer weiß schon, dass erst die Zündkerze eine kostengünstige Serienfertigung von Motoren ermöglicht hat. Und die stammt aus der Werkstatt des Schwaben Robert Bosch (1861–1942).

Robert Bosch, das zweite von zwölf Kindern, stammte aus Albeck bei Ulm, wo sein Vater einen großen Bauernhof und die Gastwirtschaft „Zur Krone" betrieb. Servatius Bosch galt als Mann, der weit über seinen Stand hinaus gebildet war, und er legte auch größten Wert auf eine gute Ausbildung seiner Kinder.

Und so besuchte Robert ab seinem zehnten Lebensjahr die Realschule in Ulm und absolvierte anschließend eine Mechanikerlehre. Danach ging er zum Militär, schlug aber eine Offizierslaufbahn aus. Er bildete sich lieber in seinem Beruf weiter. Sieben Jahre arbeitete er bei verschiedenen Unternehmen in Deutschland, den USA (bei Edison) und Großbritannien (bei Siemens Brothers).

Am 15. November 1886 eröffnete Robert Bosch mit einem Gesellen und einem Lehrling seine eigene „Werkstätte für Feinmechanik und Elektrotechnik" in der Stuttgarter Rotebühlstraße 75 B. Er verbesserte den Magnetzünder, den ursprünglich Siegfried Marcus bei der Maschinenfabrik Deutz entwickelt und erfolgreich als Patent angemeldet hatte, so weiter, dass er bei stationären Gasmotoren eingesetzt werden konnte. Das war ein entscheidender Durchbruch. 1897 gelang es Boschs Mitarbeiter Arnold Zähringer erstmals, einen solchen Magnetzünder erfolgreich in einen schnell laufenden Kraftfahrzeugmotor einzubauen – der zweite Durchbruch. Damit war eines der größten Probleme der noch jungen Automobiltechnik gelöst.

Bosch war nicht der Mann, der alles erfunden hat; er fand meist nicht selber die Lösung, aber er wusste die richtigen Leute zu finden, die dazu in der Lage waren. Das galt auch für Gottlob Honold, den Bosch als leitenden Ingenieur einstellte. Honold schloss 1902 seine Entwicklung des Hochspannungszünders ab, der für schnell laufende Benzinmotoren tauglich war und dem Schwungrad-Magnetzünder von Henry Ford den Rang ablief.

Robert Bosch war ein sehr sozialer Unternehmer, ein Freigeist und ein leidenschaftlicher Demokrat. Und er konnte sehr streng sein. Man erzählt von ihm die Geschichte, dass er durch seine Büros gegangen sei und am Boden eine Büroklammer habe liegen sehen. Er klaubte sie mit spitzen Fingern auf und legte sie mit dem vorwurfvollen Satz „So ganget Ihr mit mei'm Vermöge um!" auf den Schreibtisch eines Mitarbeiters zurück.

In der Bosch-Biografie des einstigen Bundespräsidenten Theodor Heuss kann man nachlesen, dass Robert Bosch einer der Köpfe des liberalen schwäbischen Widerstandes gegen Hitler war. Ein wackere Schwabe forcht sich nit!

Für einen Motorenbauer mag eine Zündkerze durchaus etwas Sinnliches haben, aber es gab im Ländle trotz Pietismus auch Tüftler, die sich intensiv mit der holden Weiblichkeit und ihren Formen beschäftigten. Der Korsettmacher Wilhelm Meyer-Ilschen aus Cannstatt entwickelte 1904 eine „Bruststütze ohne Unterteil", das heißt ohne Korsett und dessen für die Trägerin wahrlich einengendem Gestänge. Plötzlich konnten die Frauen, obwohl schön „in Form gebracht" viel freier atmen. Meyer-Ilscheners Schwiegervater Sigmund Lindauer ließ 1912 den ersten Büstenhalter mit der Bezeichnung „Prima Donna" industriell fertigen. Sein Modell „Hautana" startete schließlich einen Siegeszug rund um den Globus.

Probieren, was möglich ist

Bei den Flugzeugbauern wird unter all den berühmten Namen wie Zeppelin, Messerschmitt, Heinkel, Klemm, Hirth und Dornier leicht einer vergessen, der als eigentlicher Pionier der Luftfahrt zu gelten hat. Es war nicht Otto Lilienthal, der (1891) als erster Mensch erfolgreiche Flüge mit einem Hängegleiter absolvierte, sondern bereits 1811 der Ulmer Schneider Albrecht Ludwig Berblinger, was inzwischen auch von Fachleuten und

Historikern anerkannt wird. Dass sein „Vorzeigeflug" vor Herzog Heinrich mit einem Sturz in die Donau endete, lag nicht an seinem Flugapparat, den er an einem Südhang in Ulm erfolgreich getestet hatte, sondern am mangelnden Auftrieb über dem kalten Wasser. Nach dem Schaden blieb der Spott nicht aus:

> *„Der Schneider von Ulm,*
> *der hat's Fliega probiert,*
> *no hat ihn der Deifel*
> *in d' Donau neig'führt."*

Obwohl er gerne Uhrmacher geworden wäre, zwang man ihn in eine Schneiderlehre. Aber die Mechanik ließ ihn nicht los. So entwickelte der Schneidermeister 1808 die erste Beinprothese mit Gelenk, was für die Nutzer im wahrsten Sinne einen riesigen „Fortschritt" bedeutete.

Die Schneiderzunft sah Berblingers Erfinderleidenschaft als rufschädigend für ihren Berufstand an und verhängte immer wieder hohe Strafen, was den Technikfreak, wie man ihn heute nennen würde, freilich nicht davon abhalten konnte, weiter an seinem Flugapparat zu bauen. Das Verhalten der Zunftmeister und Berblingers Widerstand gegen ihre rigiden Maßnahmen machen deutlich, wie sehr die damalige Zeit versucht hat, alles, was aus der Art schlug, zu unterdrücken, aber auch, wie Berblinger für seine Ideen gebrannt hat.

Wer je mit einem Gleitschirm oder einem Drachen geflogen ist, kann verstehen, welche Lust es Berblinger bereitet haben muss, sich – einem Vogel gleich – nahezu lautlos in die Lüfte erheben zu können und über der Landschaft zu schweben.

Um weiteren Strafen zu entgehen, musste Berblinger seine Flugversuche heimlich unternehmen. Wie seine Frau unter diesem Erfinderdrang und der damit verbundenen gesellschaftlichen Ächtung gelitten haben muss, beschreibt der Autor Herbert Friedmann in seinem Theaterstück und seiner Novelle *Anna Berblinger* (erschienen als E-Book): „Er hat ja niemals nach meinen Träumen gefragt, der Berblinger, als ob ich niemals vom Fliegen geträumt hätte, immerzu hab ich vom Fliegen geträumt, bin fast mein ganzes Leben traumgeflogen. Wie hätte ich es sonst aushalten können?"

Und den Berblinger lässt er sagen: „Niemand darf sich mit weniger begnügen, als er mit seinen Talenten erreichen könnte. Du musst bis an die Grenze gehen und manchmal darüber hinaus."

Der Ikarus vom Lautertal oder der Traum vom Fliegen

„Über die Grenze gehen", das wollte mehr als hundert Jahre später ein weiterer „Flugpionier". Als es längst Flugzeuge gab, fing er an, seine Flugmaschinen zu zeichnen und zu beschreiben, später auch zu bauen. Anfangs in Schussenried, in einer Irrenanstalt, in die man ihn mit der folgenden Diagnose eingewiesen hatte: „Langsam fortschreitende Schizophrenie bei einem von Haus aus vielleicht schon schwachsinnigen Menschen". Gerettet hat diesen Gustav Mesmer (1903–1994) aus dem Lautertal wohl die Flucht in seine Fantasie: „Ich will mit meinem Fahrrad fliegen von Dorf zu Dorf in Höhe der Bäume", schrieb er damals. 35 Jahre hat man ihn eingesperrt, bevor er in einem Altenheim auf der Schwäbischen Alb eine kleine Werkstatt bekam, wo er endlich ungestört an seinen Flugobjekten, Musikinstrumenten und Kunstobjekten arbeiten konnte.

Man erzählt sich, dass er oft sonntags mit einem seiner Flug-fahrräder in halsbrecherischer Weise steile Wege hinunterraste, um einen Flugversuch zu starten: „Vielleicht klappt es mal, wenn nicht, habe ich probiert, was möglich ist."

Anfang der 1980er-Jahre wurden schließlich seine Werke und Skizzen bei Ausstellungen in Wien, Mannheim, Lausanne und Ulm der Öffentlichkeit zugänglich gemacht, wo sie überall großen Anklang fanden. Schließlich wurde eines seiner Flug-fahrräder bei der Weltausstellung in Sevilla 1992 im Deutschen Pavillon unter dem Motto: „Der Traum vom Fliegen" gezeigt.

„Kannst Du einmal fliegen, steig auf einen Hügel, steige in die Höhe. Ach, wär dies für Dich so schön, so frei sein wie die Vögel, auch den letzten Raum der Erde zu passieren bei Sonnenschein wie blühender Natur. Wenn ich schaukle durch die Lüfte, welch herrliches Gefühl. Unser Menschheitstraum ist nun erfüllet, es gibt jetzt nur noch Auferstehn. Der Luftraum ist noch frei für Dich. Erfinde Dir schnell ein paar Flügel. Frei sollen sie Dich heben, Du sollst durch die Lüfte schweben,

Ach, wär das Dein Glück."

So dichtete Gustav Mesmer, den ein Leben lang nichts von seiner Idee abbringen konnte, sich eines Tages in die Lüfte zu erheben. In seiner Krankenakte ist von „Erfinderwahn" die Rede. Vielleicht ist es genau das, was den schwäbischen Tüftler aus-zeichnet.

Der Dümmste aller Süddeutschen

Jeder kennt den Zeppelin als ein Luftschiff, das heute noch manchmal in einer viel kleineren Ausführung über dem Bo-densee schwebt.

Bereits 1888 konnte ein steuerbares Luftschiff zum ersten Mal statt mit einer Dampfmaschine mit einem Verbrennungsmotor, der so genannten „Standuhr", ausgerüstet werden. Es war eine Entwicklung aus Gottlieb Daimlers Werkstätten in Cannstatt. Der Motor leistete 2 PS. Am 10. August 1888 startete der sogenannte „Lenkballon" von Daimlers Versuchswerkstatt auf dem Seelberg in Cannstatt zu einer Fahrt nach Aldingen.

Von da an erfuhren die Luftschiffe eine rasante Entwicklung. Nach dem Ersten Weltkrieg konnte man nahezu jeden Punkt der Erde durch die Lüfte schwebend erreichen. Die Zeppeline erhielten luxuriöse Kabinen, elegante Bars und Speiseräume.

1936 fuhr LZ 129 „Hindenburg" zehnmal in die USA und siebenmal nach Rio de Janeiro. Die „Hindenburg" beförderte im ersten Jahr 1600 Passagiere über den Atlantik. Auf dem Hinflug in die USA brauchte sie 59 Stunden, zurück aber, wegen der günstigeren Luftströmungen, nur 47 Stunden. Anfang 1937 wurden neun zusätzliche Kabinen auf dem B-Deck innerhalb der Hülle installiert und die Kapazität so auf 72 Passagiere und 54 Besatzungsmitglieder gesteigert. Dies war unter anderem durch den erhöhten Auftrieb möglich, den das Wasserstoff-Traggas gegenüber dem ursprünglich geplanten unbrennbaren Helium mit sich brachte.

Die USA waren damals weltweit der einzige Lieferant von Helium und es war verboten, dieses Gas zu exportieren. Trotzdem gab es bereits während der Planungsphase ein Gespräch mit dem amerikanischen Präsidenten im Weißen Haus, bei dem die Lieferung von Helium für die „Hindenburg" in Aussicht gestellt wurde. Vor dem Hintergrund des aufstrebenden Nationalsozialismus wurde von den USA schließlich entschieden, kein Helium zu liefern. Man entschloss sich daher, die „Hindenburg" mit Wasserstoff zu betreiben, was für 13 Passagiere und 22 Crewmitglieder bei der Landung am 6. Mai 1937 in Lakehurst in den USA den Tod bedeutete, als das Luftschiff in Sekundenschnelle in Flammen aufging. Es war übrigens das erste tödliche Unglück in der zivilen Luftfahrt mit Zeppelin-Luftschiffen seit dem Ersten Weltkrieg.

Wenig bekannt ist, dass im Jahr 1932 der schwäbische Apotheker August Fischer eine Erfindung machte, die vier Jahre später die „Hindenburg", eines der größten jemals gebauten Luftschiffe, zusammenhalten sollte: ein Alleskleber, der auch heute noch aus keiner Schreibtischschublade, aus keinem Kinderzimmer wegzudenken ist, auch wenn er inzwischen einige „Mitbewerber" hat: der UHU.

Albert Einstein, der Physiker aus Ulm an der Donau, hat seinen Nobelpreis nicht für seine Relativitätstheorie erhalten, sondern 1921 für seine bereits 1905 publizierte *Erklärung des photoelektrischen Effekts*.

> *„Zwei Dinge sind zu unserer Arbeit nötig: Unermüdliche Ausdauer und die Bereitschaft, etwas, in das man viel Zeit und Arbeit gesteckt hat, wieder wegzuwerfen."* ALBERT EINSTEIN

Artur Fischer, Sohn eines Schneiders und einer Lohnbüglerin und gelernter Bauschlosser, wurde an Silvester 1919 in Waldachtal im Landkreis Freudenstadt geboren. Schon als junger Mensch bewies er eine ungewöhnliche technische Begabung. Er produzierte zunächst Webstuhlschalter und elektrische Feuerzeuge. Aber erst die Erfindung des Synchronblitzes sorgte 1949 für den ersten unternehmerischen Durchbruch, und das kam so: In der dunklen Mansardenwohnung der Fischers hatte sich 1948 eine Fotografin geweigert, Fischers gerade geborene Tochter abzulichten. Die offene Stichflamme des Magnesium-Blitzes schien ihr zu gefährlich, sie fürchtete, damit den Dachstuhl und das ganze Haus in Brand zu setzen. Es war allerdings nicht das offene Feuer des Blitzes, welches Fischers Idee entzündete. Vielmehr tüftelte er an einer Vorrichtung, um die Stichflamme exakt zum Belichtungszeitpunkt mit einem Auslöser zu zünden. Fischer synchronisierte damit Kamera und Blitz. Die Firma Agfa sicherte sich die Vermarktungsrechte wie auch die gesamte Produktion des Blitz-Synchronschalters.

Die zweite und weit bedeutsamere Entwicklung aber kam 1958. Wurde bis dahin mittels einer Metallhülse mit Hanffüllung gearbeitet, die in brüchigem oder losem Mauerwerk keinerlei Halt bot, erfand Artur Fischer den berühmten Fischer-Dübel aus Nylon, der die gesamte Bauindustrie revolutionierte. Später kamen ein Dübel zum Fixieren von Knochenbrüchen dazu und das Fischertechnik-Baukastensystem für bastelfreudige Kinder. Es wird heute nicht nur als vielseitiges Spielzeug, sondern auch von der Industrie zur Simulation von Prozessen genutzt.

Artur Fischer besitzt derzeit über tausend Patente und gilt als einer der erfolgreichsten Erfinder. Seine Heimat im Schwarzwald hat er, außer zu Geschäftsreisen, nie verlassen. Noch heute ist dort der Stammsitz der Fischerwerke, bei denen weltweit fast 4000 Mitarbeiter beschäftigt sind. Kenner des Fischerimperiums wissen immer wieder erstaunt zu berichten, dass der Erfindergeist des Firmengründers offenbar auf die Belegschaft übergesprungen ist. 13,2 Patente pro 1000 Mitarbeiter stehen dem industriellen Durchschnitt von 0,54 Patenten pro 1000

Mitarbeiter gegenüber. Artur Fischer sagte einmal: „Kinder stecken voller Ideen. Aber nach ein paar Schuljahren ist es vorbei damit, weil man sie in ein Korsett presst, das ihnen nicht liegt." Vielleicht hat er es geschafft, dass seine Mitarbeiter ein bisschen etwas aus ihrer Kindheit herüberretten konnten.

Der Schwabe liebt es, etwas zu schaffen, und zwar im doppelten Sinne. Er arbeitet gerne, aber er will zudem kreativ sein, will sagen, etwas Neues erschaffen. Das kann die Erfüllung eines großen, lang gehegten Traumes sein. Das kann aber auch ganz beiläufig geschehen. Dem Schwaben geht ja die Arbeit nie aus, weil er, wie Ulrich Kienzle schreibt, „ausbessert, flickt und überholt, weil er bastelt, bosselt und tüftelt …" Das seien die Wurzeln des schwäbischen „Schaffen-Sparen-Putzen-Komplexes", herkommend aus den Lehren des Pietismus. Auf die Frage, wie es gehe, heißt es noch heute häufig: „Danke dr Nachfrog – emmer gnueg Gschäft!" Doch während er schafft, denkt der Schwabe auch: Wie könnte man's besser, leichter effektiver machen. Und dann kann es ganz beiläufig zu einer Erfindung kommen.

Schwaben sind Pragmatiker, siehe Bosch und Daimler, aber viele Schwaben sind auch Träumer und Fantasten, siehe Berblinger und Gustav Mesmer. Und manche vereinigen beides in ihrer Person. Visonäre, die zugleich solide Handwerker sind. Das scheint eine typisch schwäbische Spezies zu sein.

Und dann kommt so etwas heraus wie bei dem Maschinenschlosser Robert Kull, der versucht hat, die Beziehung all der Schwaben zu retten, die es gewagt haben, sich mit einer Nicht-Schwäbin zusammenzutun. Am Cannstatter Neckarufer sann Kull 1933 auf Abhilfe für die reig'schmeckte Frau, aber zugegeben auch für die stressgeplagte, schwäbische Hausfrau. Am 14. Juni 1936 wurde ihm das Patent mit der Nummer 7 222 891 für eine „Teigpresse aus einem mit unterschiedlichen Teigaustrittslöchern versehenen Topf und einem Handstempel" erteilt. Die einfache Konstruktion, der Kull den Namen „Spätzles-Schwob" gab, produziert Spätzle fast wie mit der Hand geschabt; sie hat von da an die Welt erobert und wird heute noch im Remstal produziert.

* * *

Albert, der alte Herr, der aus Amerika herübergekommen ist, um seiner deutschen Heimat einen Besuch abzustatten, will noch einmal ganz nach Hause – nach Ulm, wo er einst geboren wurde. Aber er geht alles, was er tut, behutsam an. Und so reist er in Etappen von Berlin in die Stadt an der Donau. „Slow Travelling" nennt er das, auf gut Schwäbisch könnte man sagen: „No net hudla!" An einem Montagnachmittag steigt er in Stuttgart aus dem ICE.

Albert geht durch den Bahnhof des Architekten Paul Bonatz, er bewundert die Halle aus der er, gegenüber dem „Zeppelin Hotel", ins Freie tritt.

Immerhin nennt man hier ein Hotel nach dem „Dümmsten aller Süddeutschen", wie Kaiser Wilhelm II. den Grafen Zeppelin einst bezeichnete, weil er nicht an den Erfolg der lenkbaren Luftschiffe glaubte. Albert kann sich ein Schmunzeln nicht verkneifen, ob sich der Kaiser für seine Fehleinschätzung beim Grafen Zeppelin entschuldigt hat.

Sein Weg führt ihn jetzt außen am Bahnhof vorbei. Baugerüste versperren plötzlich seinen Weg. Er erkundigt sich bei einer Passantin:

„Entschuldigen Sie, hier sieht's ja aus, als ob die Entschärfung einer Weltkriegsbombe danebengegangen wäre."

„Hanoi", kommt es zurück, „des soll bloß onser neuer Bahnhof werda – aber jetz saget Se bloß, hend Sie no nie was von Stuttgart 21 g'hört?"

Albert schüttelt den Kopf. „Stuttgart 21 – was soll das denn bedeuten? Ich denke, Stuttgart reicht doch völlig als Name für diese Stadt."

„Wo kommet Sie denn her?", fragt die Frau.

„Im Augenblick aus Berlin, aber eigentlich aus den USA."

„Ja so ebbes! Na isch ja klar, dass Sie des ned wisset! Ich muss los, meine Kender wartet, aber gucket Se, da kommt oiner von der Baustell, der mit dem blaue Helm, der kann Ihne sicher was zu Stuttgart 21 sage, aber ... (sie zieht Albert vertraulich zu sich heran) glaubet Sie dem bloß ned älles!"

Damit verabschiedet sich die Frau mit einem Winken und eilt davon. Albert geht auf den Blauhelm zu. „Kann ich Sie mal was fragen?"

Der Mann mit dem Helm, nennen wir ihn Planer, nickt. „Wenn es schnell geht, wir sind hier ziemlich in Zeitdruck. Die Kosten ... wenn Sie verstehen, was ich meine?" Albert sieht nicht so aus, als verstünde er. „Eben hat mir eine Frau erklärt, Sie bauen hier einen neuen Bahnhof. Aber der alte ist doch noch ganz gut?"

„Ja, schon, aber ... es geht um den Anschluss an das 21. Jahrhundert, verstehen Sie?"

„Ach so, daher der Name Stuttgart 21", dämmert es Albert, „aber wie kann man an einen Bahnhof an ein Jahrhundert anschließen, statt an Gleise?" Man kann dem Planer ansehen, dass er kurz überlegt, ob er es mit einer „versteckten Kamera" zu tun hat. Aber er kann weder in den Gesichtszügen des Alten, noch in dessen Umfeld etwas erkennen, das auf so eine „Falle" hinweisen würde. „Man könnte auch sagen, wir investieren in die Zukunft!" „Und warum bauen Sie dann einen neuen Bahnhof statt neue Kindergärten, Schulen und Universitäten?"

Der Ausdruck des Planers verfinstert sich. „Ich dachte schon, Sie haben wirklich eine Frage zu dem Jahrhundertprojekt, dabei sind Sie ja auch bloß einer von denen … für so was hab ich wirklich keine Zeit!"

Der Blauhelm eilt davon, Albert sieht sich ratlos um. Da entdeckt er am Rand der Baustelle einen Stand, der mit Stuttgart 21-Schildern dekoriert ist, die alle einen schrägen roten Balken im Schriftzug aufweisen. Er geht auf den Stand zu, wo man ihm einen Flyer in die Hand drückt.

„Wenn Unrecht zu Recht wird,
wird Widerstand zur Pflicht."
BERTOLT BRECHT

steht da in roter Schrift auf gelbem Grund. Auf der Innenseite wird zu einer Demonstration aufgerufen mit dem Schlagwort „Bildung statt Bahnhof!" Albert erkundigt sich bei der jungen Frau, die ihm den Flyer gegeben hat: „Sagen Sie, was ist los in Deutschland? Ich komme gerade aus Berlin, da bauen sie einen Flughafen, der nie fertig zu werden droht und den offenbar kaum jemand haben will, und hier geschieht das Gleiche mit einem Bahnhof?"

Hätte er geahnt, dass dieser Ausspruch für die engagierte Frau eine Steilvorlage darstellt, er hätte ihn nicht getan. Jetzt aber war es zu spät. Ein Schwall von Erklärungen folgt, den er nur mit einem entschiedenen „STOPP" bremsen kann. Inzwischen hat er erfahren, dass bereits 1990 einem Planer namens Ernst Krittian die Zuständigkeit an dem Projekt Stuttgart 21 entzogen wurde, nachdem er Kritik dazu geäußert hatte. Dass bei Probebohrungen vielfach Anhydrit führende Schichten gefunden worden waren, die in Kontakt mit Wasser zu Gips aufquellen und erhebliche Schäden an Gebäuden und Infrastruktureinrichtungen zur Folge haben könnten. Dass die neuen Kostenschätzungen ins Uferlose gestiegen sind und sinnvolle Alternativen nie ernsthaft in Erwägung gezogen wurden.

„Genau wie in Berlin! Nur dass dort der sandige Untergrund zum Problem zu werden scheint."

„Des kann doch net sei, dass für solche Prestige-Projekte alles Geld zur Verfügung stoht, des dann für wirklich wichtige Projekte fehlt!", ereifert sich die junge Frau.

„Da kann ich Ihnen nur Recht geben", meint Albert, „Bei so großen Projekten fehlt eben oft die Einsicht, dass neben der kräftezehrenden Ausdauer auch die Bereitschaft da sein sollte, etwas, in das man viel Zeit und Arbeit gesteckt hat, wieder wegzuwerfen."

„Des hend Sie aber schee g'sagt!", begeistert sich die Aktivistin, darf ich des in unserem nächsten Flyer zitiere?" „Wenn Sie möchten, gerne."

„Und wie heißet Sie?"

„Schreiben Sie Albert, das genügt." Damit verabschiedet er sich mit einem freundlichen Lächeln von der jungen Frau.

Veigeleslyrik ond was mir ons sonst so z'ammereimet

Der Weltgeist schwätzt Schwäbisch

Früher war die Kunst fröhlich,
jetzt ist fröhlich sein eine Kunst.
WILLY REICHERT

Der Satz ist längst legendär: „Mir brauchet koi Konscht, mir brauchet Grombira (schwäbisch für Kartoffeln)!" Gesprochen wurde er 1827 von einem Abgeordneten des württembergischen Landtags, als dort darüber abgestimmt werden sollte, ob die bedeutende Kunstsammlung Boisseré angekauft werden solle oder doch lieber nicht. Das Plenum entschied sich dagegen. Die Sammlung wanderte nach München, wo sie heute ein wesentlicher Bestandteil der Pinakothek ist. Kein Wunder, dass sich die gewählten Volksvertreter eines Landes, in dem es gelegentlich heißt: „Je größer dr Künschtler, umso größer dr Lomp!", so verhalten haben.

Württemberg hat große Erfinder hervorgebracht, wunderbare Dichter und herausragende Philosophen. Nach berühmten Malern, Bildhauern oder Komponisten muss man freilich lange suchen.

Im Reich der Musik stößt man einzig auf Friedrich Silcher, den Schulmeistersohn aus Schnait (heute Weinstadt), der im

Juni 1789 dort geboren wurde. 1803 ging er als Lehrjunge nach Geradstetten, drei Jahre später wurde er „Schulknecht" bei dem Musiklehrer und Organisten Nikolaus Ferdinand Auberlen in Fellbach, dessen große Leidenschaft es war, Männerchöre mit immer neuen Bearbeitungen alter Volkslieder zu versorgen, und der die musikalische Begabung des jungen Mannes erkannte. Ein Zubrot verdiente sich Silcher als Hauslehrer beim Kreishauptmann Freiherr von Berlichingen. Als der 1809 nach Ludwigsburg übersiedelte, verschaffte er dem Schulknecht eine Stellung als Lehrer an der dortigen Mädchenschule.

Ludwigsburg war zu jener Zeit auch Residenz des Herzogs von Württemberg, an dessen Hof Carl Maria von Weber und Conradin Kreutzer als Kompositeure und Dirigenten wohl gelitten waren. Beide wurden auf den jungen Silcher aufmerksam und empfahlen ihm, die Musik ganz zu seinem Beruf zu machen. Kreutzer und einige Zeit lang auch Johann Nepomuk Hummel unterrichteten Silcher in Klavier und Komposition, und als Kreutzer nach Stuttgart zog, folgte ihm Silcher. Der berühmte Klavierfabrikant Schiedmayer nahm ihn bei sich auf und förderte den jungen Musikus nach Kräften. Er war es wohl auch, der Silcher 1817 als ersten Musikdirektor an die Eberhard-Karls-Universität nach Tübingen empfahl.

Obwohl Friedrich Silcher Motetten, eine Reihe von kammermusikalischen Werken und zwei Ouvertüren für großes Orchester geschrieben hat, ist er heute nur noch als Protagonist des Chorgesangs bekannt. Viele Lieder, die längst als Volkslieder Allgemeingut sind, hat er komponiert. So vertonte er zum Beispiel die Uhland-Gedichte *Ich hatt' einen Kameraden…* und *Droben steht die Kapelle* sowie die *Lorelei* von Heinrich Heine („Ich weiß nicht, was soll es bedeuten …"). Silcher schuf Chorsätze für vorhandene Volkslieder wie *Muss i denn, muss i denn zum Städtele hinaus* oder *Mädele ruck, ruck, ruck an meine grüne Seite, i hab di gar so gern, i kann di leide* oder das berühmte *Ännchen von Tharau*. Die Ohrwürmer aus seiner Feder gehen in die Hunderte.

1829 gründete er in Tübingen die „Akademische Liedertafel" und leitete sie bis zu seinem Tod am 26. August 1860.

Sie hätten sich begegnen können, Friedrich Silcher aus dem Remstal und Johann Heinrich Dannecker, Sohn eines Stallknechts aus Stuttgart (1758–1841). Beide waren am herzoglichen Hof wohl gelitten – Dannecker wohl noch mehr als Silcher, denn der fiel dem Herrscher schon als Bildhauereleve an der „Militärischen Pflanzschule" auf Schloss Solitude auf. Kaum hatte Dannecker seine Prüfung abgelegt, ernannte ihn der Monarch zum Hofbildhauer bei lebenslanger Dienstverpflichtung und finanzierte einen zweijährigen Studienaufenthalt in Paris und vier Studienjahre in Rom. Dannecker bedankte sich mit einer großfigurigen allegorischen Skulpturengruppe *(Jahreszeiten)* aus Marmor für Schloss Hohenheim und zahlreichen anderen plastischen Werken, die später als „die kalten Schönen" bekannt wurden. Zusammen mit dem Maler Christian Gottlieb Schick (1776–1812) gilt Dannecker als Protagonist des sogenannten Schwäbischen Klassizismus. Sein wohl berühmtestes Werk ist die Skulptur *Ariadne auf dem Panther*, die der Bildhauer im Auftrag des Frankfurter Bankiers Simon Moritz von Bethmann geschaffen hat. Die lebensgroße Marmorfassung aus den Jahren 1803–1814 gehört zu den berühmtesten Bildhauerarbeiten des 19. Jahrhunderts.

Dannecker war es gelungen, sich gleich nach seiner Rückkehr aus Rom „vorteilhaft zu arrangieren", wie ein Zeitgenosse schrieb. Durch die Heirat mit der Kaufmannstochter Heinrike Rapp wurde er aller materieller Sorgen enthoben und sicherte sich eine anerkannte Position in der bürgerlichen Gesellschaft Stuttgarts. 1808 baute er nach eigenen Plänen ein stattliches Haus in prominenter Lage am Schlossplatz. Wohnung, Atelier, Kunstschule und Museum in einem, von den Stuttgartern nur „die Danneckerei" genannt und bald schon der kulturelle Mittelpunkt der Stadt.

1835 verfiel Dannecker in geistige Umnachtung, wie man die Demenz damals nannte. In einem Tobsuchtsanfall zerstörte er eines seiner berühmtesten Werke, die Büste Friedrich Schillers. Zum Glück blieb der Entwurf erhalten, sodass Theodor Wagner, ein Schüler Danneckers, das Werk rekonstruieren konnte.

Diese Büste hat übrigens Johann Wolfgang von Goethe bei einem Besuch in Danneckers Atelier noch gesehen und darüber an seinen Freund Schiller geschrieben: „Was mich aber besonders frappierte, war der Originalausguss von Ihrer Büste, die eine solche Wahrheit und Ausführlichkeit hat, dass er wirklich Erstaunen erregt. Der Ausguss, den Sie besitzen, lässt diese Arbeit wirklich nicht ahnden."

Der Diogenes mit der Lötlampe

Mit einem wehenden Umhang, weißen Handschuhen und in einer von Verehrerinnen gestrickten bunten Hose, eine prächtige Krone auf dem Haupt, so radelte er als „König von Ulm" durch die Gassen der Stadt. In seiner Werkstatt arbeitete er auf einem mit Rosenquarz und Blattgold verzierten Thron sitzend, meist von klassischer Musik umgeben und immer mit seiner Krone auf dem markanten Kopf an seinen Schmuckstücken. So abgehoben und versponnen er manchen erschienen sein mag, so solide und kreativ war er in seiner künstlerischen Arbeit: Rudolf Dentler, der Goldschmied von Ulm.

Anerkennung fand er europaweit in einer Ausstellung in der Londoner Goldsmith's Hall zusammen mit Pablo Picasso und Max Bill. Diese Präsentation seiner Werke war vielleicht die Krönung seines umfangreichen Schaffens. Eduard Ohm, ein Kulturredakteur, nannte ihn einst den „Diogenes mit der Lötlampe", der neben seiner Arbeit als Goldschmied unermüdlich an seinen Predigt-Texten formulierte.

Rudolf Dentler (1924–2006) war Goldschmied, Künstler und selbsternannter „König von Ulm". Er nannte sich „Rex der Letzte". Jedes Jahr am Schwörmontag hielt er eine Rede an sein Volk von einem Thron herab, den er hoch oben am Giebel seines Hauses am Sakramentsplatz angebracht hatte. Dabei verlieh er jeweils einen Ehrenring mit goldenem Kreuz an verdiente Bürger. Auszüge aus seiner letzten, der 20. Thronrede in Ulm am Schwörmontag, 24. Juli 2006 um 21 Uhr:

Was wir brauchen, ist das kristalline Denken, Deklamieren! Kunst! Sie erforscht das Unbekannte unserer Seele. Kunst verzaubert, umtanzt und besingt den Geist. Die Philosophie, das hymnische Wesen, ist uns noch unbekannt. Natürlich brauchen wir die Wissenschaft!

Immer noch gelingt es mir, die Weisheit, das stoffliche Geistwesen, hervorzulocken, den Duft sichtbar zu machen! Nicht vergessen, der Geist von Schönheit ist mächtiger als Erkenntnis! In dieser Artistik ist Kunst ohne Chariten [Anm. Göttinnen der Anmut] fast unerreichbar.

Die Vorfahren waren Erfinder, 5. Dimension, Heidegger schrieb von Zeit und Raum – Hölderlin, vom Maß des Seins. Nachweisbar,

Aristoteles dessen Sohn war der erste Psychosomatiker. Aber schon als 12-jähriger Bub erkannte ich, von Sokrates, sein Denken, wenn er sagte, ich weiß, dass ich nichts weiß. Heraklit tanzt in der Sprache auf goldenem Draht. ...

Selbst bis ins hohe Alter Ballett-Tänzer am Ulmer Theater, war Rudolf Dentler davon überzeugt, dass er eines Tages, „wenn es so weit ist", von 5000 Ballett-Tänzerinnen abgeholt wird. Ob sich dieser Traum erfüllt hat, blieb allerdings sein Geheimnis...

Dass die bekannten bildenden Künstler und die kreativen Komponisten in Württemberg mit der Lupe gesucht werden müssen, sagt nichts über das innige Verhältnis der Schwaben zu den Musen. Kaum ein Land hat erfolgreichere Musikensembles und Theater. Stuttgarts Ballett, wie auch die Opernhäuser in der Landeshauptstadt und in Karlsruhe, genießen Weltruhm. Die Landestheater, zum Beispiel in Tübingen und Esslingen, die mit ihren „Abstechern" das Ländle nahezu flächendeckend mit Aufführungen versorgen, das alles sind Zeichen eines hohen Interesses für die Kultur in der Bevölkerung. Lesungen, zum Beispiel im Stuttgarter Literaturhaus, sind immer gut besucht. Und wenn Wolfgang Dauner konzertiert, muss man sich frühzeitig um Karten bemühen. Was die Internationale Bachakademie seit ihrer Gründung 1981 unter Helmuth Rilling leistet, hat ihr weltweit größte Hochachtung eingebracht. Sie veranstaltet regelmäßig Konzerte, Meisterkurse und Workshops. Bis 2012 leitete Rilling die Akademie, unter deren Dach auch die berühmte Gächinger Kantorei und das Bachkollegium Stuttgart zuhause sind.

Freilich muss man auch die Chöre nennen, die der umtriebige Schwabe Gotthilf Fischer gegründet hat und auch mit über

80 Jahren noch höchst tatkräftig managt und dirigiert. Ulrich Kienzle nennt dessen Produktionen „eine Art Mc-Donald's-Version des Schwäbischen Sängerbundes." Fischer mache „aus Volksmusik musikalisches Fastfood: billig, bunt und laut, mit jubilierenden Massenchören" und niemand auf der Welt sei sicher davor, „von den Fischer-Chören angesungen zu werden – der Papst nicht und auch nicht der amerikanische Präsident." Immerhin: Gotthilf Fischer hat tausende Menschen zum Singen gebracht, die sich sonst wohl kaum je musikalisch geäußert hätten.

Semmer Kerle oder koine?

Ähnliches gilt für die Freunde des Theaterspielens, die ihrer Freude an der Verwandlung freien Lauf lassen. Man denkt immer, Heimatbühnen, Volkstheater, gebe es nur in Bayern. Weit gefehlt. Kaum irgendwo in deutschen Landen gibt es so viele Amateurbühnen wie in Württemberg. Es sind nicht nur die Theatergruppen in den Gesangs-, Musik-, Sport- oder Heimatvereinen, die eigene Aufführungen auf die Beine stellen. In immer mehr Orten haben sich in den letzten zehn, zwanzig Jahren eigenständige Theatervereine gegründet, deren Vereinszweck nur die Schauspielerei ist. Was sich aus so einer Initiative entwickeln kann, zeigt das Theater Lindenhof in der 850-Seelen-Gemeinde Melchingen auf der Schwäbischen Alb.

Es war 1977. Da schrieb der Lehrer Uwe Zellmer, der an der Steinbeis-Gewerbeschule in Reutlingen Deutsch unterrichtete, ein Stück mit dem Titel *Klassenspiel* – die Geschichte des alltäglichen Lebens des Lehrlings Tom. Die Hauptrolle spielte ein Schüler namens Bernhard Hurm. Der junge Mann erwies sich als ausgesprochene Naturbegabung.

Gemeinsam mit Zellmer erarbeitete Hurm danach das Stück *Semmer Kerle oder koine?* Es wurde ein Erfolg, und da beschloss das Schülerensemble der Steinbeis-Schule, erst einmal zusammenzubleiben, um weiter Theater zu spielen. Denn die jungen Leute hatten einen Traum entwickelt: Theater als Lebensform. Ganz im Sinne des großen Schwaben Friedrich Schiller, der das Theater, die „Schaubühne", wie er es nannte, als eine Stiftung begriff, „wo sich Vergnügen und Unterricht, Ruhe und Anstrengung, Kurzweil mit Bildung gattet."

In den 8oer-Jahren des vergangenen Jahrhunderts beschlossen der Lehrer Zellmer, sein Schüler Hurm und ein paar Mitspieler, ein eigenes Theater zu gründen. Man fand eine Gastwirtschaft in Melchingen mit einer Scheune hinter dem Haus, die man in ein Theater umbauen konnte – Spielort und Heimat der theaterverrückten Schwaben Hurm und Zellmer bis heute. Inzwischen spielen sie regelmäßig in ihrer Scheuer und zudem in zwölf Partnerstädten. Zwei Mal schon gastierten sie am Berliner Ensemble, jener berühmten Bühne des Schwaben Bertolt Brecht.

Obwohl längst schon die Feuilletonisten überregionaler Zeitungen auf die schwäbische Bühne aufmerksam geworden sind, dichten und trachten Zellmer und Hurm bis heute danach, den Menschen der Region Geschichten zu erzählen, die nur dort entstehen, wo sie selbst leben und spielen, auf dem Theater und auf der Schwäbischen Alb. Dabei gehen sie immer auch der Sprache auf den Grund, die auf der rauen Alb gesprochen wird.

Dahoim sei ond trotzdem Hoimweh hau

Einer der Freunde und Förderer dieses Unterfangens war Walter Jens, mit dem die beiden Theatermacher eine tiefe und stabile

Freundschaft verband. Zur eintausendundersten Aufführung ihres Programms *Kenner trinken Württemberger* nach Texten von Thaddäus Troll schrieb Jens:

„Die Türen öffnen sich, Sterne leuchten über der Alb und das Heimelig-Nahe verbindet sich mit großer Welt. Salomon kehrt, wie Thaddäus Troll es erträumt hat, unter den Wacholderbüschen des Randecker Maars ein, Molière spricht schwäbisch und Aphrodite verwandelt sich in ein anmutiges Mädchen, das Mareile heißt und aus Bonlanden stammt. Wenn Uwe Zellmer und Bernhard Hurm einander die Bälle zuspielen, sind die Besucher eingeladen, an einer Inszenierung teilzunehmen, die aus einer Fülle von Verwandlungen besteht: Heiterkeit schlägt um in Tristesse, das Deftig-Grobe verschwindet in Dialogen, die von intelligentesten Schlagwechseln geprägt sind: Abreiß ond baue, flenna ond jauchze, jommera ond tanze, dahoim sei ond trotzdem Hoimweh hau. Das alles geht ineinander."

Walter Jens war kein Schwabe: Er wurde im Mai 1923 in Hamburg geboren. Aber er lebte jahrzehntelang in Tübingen und war mit der Mentalität der Schwaben vertraut. Sprüche wie „Mr ka net älle Berg' ebe mache" gingen ihm so leicht auf schwäbisch von den Lippen wie „oiner alloi kann net dr G'scheiteste sei". Wenngleich sein Schwäbisch einen starken Hamburger Akzent hatte.

* * *

Auf seinem Weg nach Ulm will Albert, der Reisende aus dem fernen Amerika, ein paar Tage Station auf der Schwäbischen Alb machen, um zu wandern. Er logiert in Erpfingen im „Hirsch", wo ein berühmter Koch die Gäste verwöhnt, und absolviert jeden Tag einen großen Spaziergang zwischen Wacholderheide und Tannenwald. Fünf Kilometer über einen kleinen Höhenrücken sind es nach Melchingen. Er hat in der Zeitung von dem Theater dort gelesen und ist nun neugierig darauf, die Menschen kennen zu lernen, die es betreiben. Aber er muss gar nicht so weit gehen. Auf dem Himmelberg, einem unbewaldeten Kegel, auf dem sich drei Strom erzeugende Windräder drehen, sieht er einen Mann auf einer Bank sitzen, einen hellen Sonnenhut auf den schwarzen Locken, die Beine übereinander geschlagen und ein rotes Heft auf den Knien, in das er ab und zu ein paar Worte schreibt. Er schaut erst auf, als Albert neben der Bank anhält und leise fragt: „Ist es gestattet? Kann ich mich dazu setzen?"

Der Mann rückt ein Stück.

„Sie schreiben?", fragt Albert.

„Bloß a paar Versle…"

„In Mundart?"

„Mhm!"

„Veigeleslyrik hat das Heinrich Heine genannt."

Der andere nickt. „Ich weiß. Aber Spötter semmer selber, wenn's drauf ankommt." Er stellt sich vor. „Uwe Zellmer. Ich hab da unten jahrelang das Theater geleitet. Jetzt bin ich nur noch Ehrenvorsitzender und die meisten nennen mich Präsident, was natürlich nix zu bedeuten hat. Zusammen mit einem Freund trete ich noch gelegentlich auf."

Als Albert sagt, er habe von dem Theater gehört und gelesen, scheint das den anderen nicht zu verwundern. „Und was machen Sie so?", fragt er.

„Schon lang nichts mehr. Was ich zu tun hatte, ist längst abgeschlossen. Jetzt bin ich nur noch Flaneur, wenn Sie so wollen. Und auf dem Weg zu meiner alten Heimat."

„Aha", und wo ist die?

„In Ulm. Wissen Sie, ich war sehr lange fort, aber die Stadt der Geburt hängt dem Leben als etwas ebenso Einzigartiges an wie die Herkunft von der leiblichen Mutter. Auch der Geburtstadt verdanken wir einen Teil unseres Wesens. So gedenke ich Ulm in Dankbarkeit, da es edle künstlerische Tradition mit schlichter und gesunder Wesensart verbindet."

„Schö g'sagt!" Zellmer nickt voller Hochachtung.

„Und Sie?", fragt Albert wieder, „spielen Sie denn immer noch Mundartstücke?"

„Ja freilich."

„Und die Leute verstehen die Texte?"

„Ja, ja. Auch die, die selber nicht mehr schwäbisch schwätzen, scheinen es doch gern zu hören."

Albert nickt. „Mir geht's genau so. Man kann die Schwaben ja nur schwer verstehen, wenn man ihre Sprache nicht kennt. Wissen Sie, was ich mir aus der Entfernung so zusammen gereimt habe..."

„Z'ammereime ischt au a schöns Wort", Zellmer schreibt rasch ein paar Worte in sein Notizbuch.

„Eigentlich teilt der Schwabe seine Stammeseigentümlichkeiten mit anderen deutschen und europäischen Stämmen; typisch für ihn ist nur, dass seine Eigenschaften einen atypischen Hang zum Extremen haben."

„Sie reden wie ein Wissenschaftler."

„Man kann halt nicht aus seiner Haut, will sagen, man kann sein Herkommen nicht verleugnen." Albert lächelt und streicht sich über seinen dichten Schnurrbart. „Der Schwabe hat eigentlich wenig Schönheitssinn, er ist ohne Anmut, aber er strebt ständig nach Ordnung, weil ihn die Unordnung in seinem Wesen dauernd gefährdet."

„Einspruch", sagt Zellmer. „In meinem Schönheitssinn lasse ich mich von niemandem übertreffen und dass ich besonderen Wert auf Ordnung legen würde, hat mir noch keiner nachgesagt."

„Ja, ja. Und schon sind wir wieder bei meinem Freund Hegel. Die These liegt mit der Antithese in ständigem Widerstreit. Wissen Sie eigentlich, dass Hegel zeitlebens breites Schwäbisch gesprochen hat?"

„Ja sicher. Und ich weiß auch, dass ohne Hegel der Weltgeist nie erfahren hätte, dass es ihn gibt."

„Hoppla!", machte Albert.

„Und weil Hegel so breit schwäbisch gschprocha hat, spotteten seine Zeitgenossen: Der Weltgeist spricht schwäbisch. Was aber der Wahrheit auch heut noch manchmal ziemlich nahe kommt."

Eine Weile sagt daraufhin keiner der beiden etwas. Schließlich lässt sich der Ältere hören: „,Versöhnung der gegensätzlichen Wirklichkeit in einer großen Einheit' – so könnte man Hegel auf einen vernünftigen Nenner bringen."

„Ischt des von Ihne?", fragt Zellmer.

„Nein, von Bernhard Zeller. Wissen Sie, was Hegel auf den Vorwurf geantwortet hat, seine Naturphilosphie entspreche nicht den Tatsachen?"

Zellmer schüttelt den Kopf. „Nein, tut mir leid."

„Er hat geantwortet: Umso schlimmer für die Tatsachen!"

Beide lachen.

„So kommt man von der Kunst auf die Wissenschaft", meint Zellmer.

„Ach wissen Sie, ohne mein Geigenspiel wäre ich als Physiker vielleicht nicht so erfolgreich gewesen. Künstler oder Wissenschaftler – wir sind doch beide darauf angewiesen, dass uns die Muse küsst. Und beide haben wir das Problem, uns verständlich zu machen."

„Und wie machen Sie das?", will Zellmer wissen.

„Man sucht ja immer nach Beispielen, um eine wissenschaftliche Erkenntnis zu erklären. Wenn wir bei Hegels philosophischem System bleiben, da gefällt mir, was ein schwäbischer Fahrer einer Straßenwalze dem Ingenieur geantwortet hat, der fragte, ob es zweckmäßiger sei, eine schwere oder eine leichtere Dampfwalze zu verwenden. Der Fahrer sagte: ‚Da fahre mr am beschte mit der schwera ganz leicht drüber.‘"

Zellmer nickt. „Und wissen Sie, was ein Melchinger zu seiner Frau gesagt hat, als er an einem strahlenden Sommertag auf dem Belchen aus seinem Auto gestiegen ist?"

„Hmm?", machte Albert fragend.

„Da müsst mr au amol na!"

„Schön!" Albert erhob sich. „Ich muss weiter."

„Und was mussten Sie als Wissenschaftler erklären?"

„Die Relativitätstheorie."

Aha, und wie macht man das?"

„Na ja, am besten auch mit einem Beispiel: Wenn man zwei Stunden lang mit einem Mädchen zusammensitzt, meint man, es wäre eine Minute. Sitzt man jedoch eine Minute auf einem heißen Ofen, meint man, es wären zwei Stunden. Das ist Relativität."

Zellmer war leicht verwirrt. „Heißt das, Sie sind der …?"

„Das heißt gar nichts", unterbrach ihn der andere. „Und ich glaube auch nicht, dass meine Zuhörer mich verstanden haben. Wissen Sie: Zwei Dinge sind unendlich, das Universum und die menschliche Dummheit, aber bei dem Universum bin ich mir noch nicht ganz sicher." Er griff nach seinem Stock. „Ich wünsche Ihnen, dass Sie mit Ihrem Theater weiter so erfolgreich sind."

Zellmer breitete die Arme aus. „Talent bleibt latent!", sagt unser Landsmann Friedrich Theodor Vischer.

I gang lieber mit meim Hond schpaziere

Mr muass net überall dabei gwesa sei

Am 28. März 1849 verkündete die erste frei gewählte deutsche Nationalversammlung in der Frankfurter Paulskirche die Verfassung des Deutschen Reiches. Sie sah einen Grundrechtekatalog sowie eine konstitutionelle Monarchie mit einem Erbkaiser an der Spitze vor. Die Rolle des deutschen Kaisers sollte König Friedrich Wilhelm IV. von Preußen übernehmen, der aber ablehnte. Gegen den Widerstand des preußischen Königs und der übrigen Fürsten im Deutschen Bund konnte die neue Verfassung aber nicht durchgesetzt werden. Die im Mai ausgerufene Reichsverfassungskampagne scheiterte. Nachdem die Abgeordneten von der Stadt Frankfurt auf preußischen Druck aus der Metropole am Main vertrieben worden waren, löste sich das Parlament auf und ein Rumpfparlament, angeführt von dem Parlamentspräsidenten Friedrich Wilhelm Löwe, dem Abgeordneten Friedrich Römer, der gleichzeitig auch württembergischer Justizminister war, und dem sehr populären Dichter Ludwig Uhland zog sich nach Stuttgart zurück.

Der beliebte württembergische König Wilhelm I. (1781–1864) war darüber nicht amüsiert. Im Weiteren folgen wir weitgehend der Schilderung des wunderbaren schwäbischen Schriftstellers Helmut Gaupp-Turgis, der in Wahrheit Hans Gustav Elsas hieß und aus einer angesehenen jüdischen Familie in Stuttgart stammte. Sein vier Jahre älterer Bruder Fritz Elsas wurde 1921 zum Landtagsabgeordneten gewählt, später war er Vizepräsident des Deutschen Städtetages. Er schloss sich dem Widerstand gegen Hitler an und wurde nach dem gescheiterten Attentat vom 20. Juli verhaftet. 1945 starb er im KZ Sachsenhausen. Der Schriftsteller Hans Gustav Elsas war rechtzeitig nach Südamerika emigriert. Bis heute wartet sein großartiges Werk darauf, wiederentdeckt zu werden. In seinem wunderbaren Roman *Der Biedermann* schildert Hans Gustav Elsas alias Helmut Gaupp-Turgis die Vorgänge des Jahres 1849 in Stuttgart mit erkennbarem Vergnügen. Ja, machen wir! Am 21. April 1849 erklärte König Wilhelm I. von Württemberg seiner Kammer, alles was recht sei – er sei immer noch er, und er sei immer noch da. Unter die Hohenzollern hätte er sich sowieso nicht geduckt. Die Abgeordneten hielten dagegen: Sie seien zwar brave Württemberger und dem Königshaus gegenüber treu bis auf die Knochen, aber die Verfassung sei nun einmal beschlossen und ganz in ihrem Sinne.

Holt eure Pensionen bei den Demokraten

Der König erwog zunächst, das Militär einzusetzen und das Parlament aufzulösen, aber seine Offiziere erklärten ihm, das werde schwierig. Römer und Uhland seien zu beliebt und zudem sei im Augenblick noch alles verfassungskonform.

In der Folgezeit kam es immer wieder zum Krach zwischen dem König und dem Minister Römer. Schließlich wurde es dem Monarchen zu viel. So beorderte er am 1. Juni die ganze Generalität und die Obristen seiner Armee nach Schwieberdingen und erklärte ihnen, es sei nun wohl so weit, dass man ihn aus dem Land hinausjagen wolle. Sie sollten sich deutlich dazu äußern, ob sie das zulassen wollten.

Das wollten sie natürlich nicht, meinten die Soldaten.

„Also", sagte der Herrscher, „dann werde ich mich an die Spitze meiner Truppen stellen und Ordnung schaffen im Land."

Da hatten aber plötzlich die Herren Offizier alle möglichen Bedenken, Einwände und Ausflüchte. Sie seien ja bereit, für ihren König zu sterben, auf der Stelle, sofort, aber wenn seine Majestät an der Spitze seiner Truppen sterben wolle, so tue er das gewissermaßen allein, und wenn er vorausgehe, würden die Soldaten halt zurückbleiben.

Wütend fuhr Wilhelm zurück nach Ludwigsburg, bereit, dem Land den Rücken zu kehren. Neben ihm in der Kutsche saß General Moritz von Miller und redete auf Wilhelm ein, seine Majestät solle sich doch bitte den Gedanken aus dem Kopf schlagen, Württemberg zu verlassen. Denn wenn er das tue, gebe er das Land der Revolution preis und bringe seine Offiziere an den Bettelstab.

Doch der König gab sich hart: „Seien Sie ruhig, Miller, ich reise noch heute ab. Ihr habt Euch nicht um mich gekümmert, also brauch ich mich auch nicht um euch zu sorgen. Holt eure Pensionen bei den Demokraten!"

In Ludwigsburg versammelte der König sein Kabinett um sich und bot an, die Macht auf Römer zu übertragen. Doch der dachte nicht daran, von jetzt auf nachher die Verantwortung zu übernehmen. Wenn jemand denke, er sei nicht entbehrlich, täusche er sich. Er lege gerne alle Macht in die Hände des Königs zurück.

Das war nicht schlecht pariert. Wilhelm wog den Kopf hin und her. Und sagte: „No ja, wir sind alle a bissle nervös. Es pressiert ja nicht so. Wir wollen die Sache noch mal beschlafen und am Samstag weiter drüber reden."

Was in den nächsten Tagen in der württembergischen Hauptstadt los war, schildert Gaupp-Turgis: „Die Bürgerschaft von Stuttgart war über die Maßen erregt. Die Männer standen am hellen Tag in der Calwer-, der Esslinger-, der Ludwigsburger-, der Gerber- und der Rotebühlstraße, auf dem Spitalplatz und am Leonhardsplatz, dischkerierten und kamen sich als Revolutionäre vor. Die Weiber standen in den Spezereiläden, gingen nicht zum Kochen heim, und es war so weit, dass sich sogar die Gnädigen mit den Dienstmädchen der Nachbarsfrauen unterhielten. Wer genauer auf die Gespräche horchte, der merkte, dass es in der Hauptsache die Schreiber und Steuerräte, auch die Gerichtsherren und Advokaten waren, auf die sich der Unwille der Handwerker, der Bäcker, der Metzger, Frisöre und Kaminfeger ergoss. Von der Einheit Deutschlands erwarteten sie alle billige Lebensmittel. Der Staat sollte nur für sie sorgen. Und außerdem war da das Gefühl: Wenn so viele auf einem Haufen sind, alle beieinander, ganz Deutschland, dann gehört man doch zu etwas, und dann kann man auch einmal auf den Tisch schlagen …"

Derweil reifte bei Minister Römer die Erkenntnis, dass es besser wäre, das Rumpfparlament loszuwerden und erst gar nicht mehr tagen zu lassen. Und so zog er, der Demokrat, in

Stuttgart zwei Bataillone, zwei Schwadronen, vier Geschütze der Reitenden und zwei von der Fußartillerie zusammen. Nachmittags zwischen zwei und drei Uhr besetzte das Militär unter dem Kommando des Generals Miller das Fritzsche Reithaus, wo das Parlament tagen wollte. Die Truppen lagerten auf dem Schlossplatz, aber auch die Bürgerwehr war herausgetrommelt worden und hatte sich auf dem Spitalplatz versammelt.

Wie wär's, wenn mr hoim gange dädet?

Gegen drei Uhr kamen die Parlamentarier, die natürlich von den militärischen Vorbereitungen erfahren hatten, in geschlossenem Zug die Lange Straße herunter. An ihrer Spitze Präsident Friedrich Wilhelm Löwe, Ludwig Uhland und Albert Schott. Was dann geschah, schildert Gaupp-Turgis so: „Rechts und links auf dem Bürgersteig standen die Bäcker, die Metzger, die Sattler, die Kaminfeger, die Lederhändler, die Schneider, die Frisöre und die Hausbesitzer; die Weiber dazwischen und die Kinder. Wenn sie den Löwe sahen, schrien sie ‚Hoch!', und wenn der Uhland kam, riefen sie ‚Bravo!'; sie drängten sich von rechts und links, von vorne und hinten an die Abgeordneten heran, schlenkerten die Regenschirme – denn es drohte zu regnen – und riefen: ‚Mut! Mut! Zeigt denen, wer ihr seid!' Die Abgeordneten machten bedächtige Gesichter und kamen mit jedem Schritt näher an das Militär heran. Schließlich waren sie nur noch hundert Meter voneinander, dann nur noch 70 Meter, dann nur noch 50 Meter. Am Ende standen sie Aug in Aug einander gegenüber. Einen Moment war es totenstill. Der Uhland sah einem schwäbischen Bauernbub ins Gesicht, dem Schott gegenüber stand ein alter Hauptmann, mit dem er oft im warmen Eck am

Stammtisch zusammen gesessen war. Der Löwe kannte sein Gegenüber nicht, denn er war kein Stuttgarter. Jeder dachte vom anderen: ‚Wenn der nun anfinge – hoffentlich macht der keine Dummheit.‘ Von den Bürgern war keiner mehr zu sehen, sie waren an der letzten Hausecke zurückgeblieben und linsten von Zeit zu Zeit vor; zu schreien wagten sie nicht mehr, und ihre Devise war mit einem Male: ‚Mr mueß ned überall dabei gwese sei‘. Nachdem der Hauptmann den Schott eine Weile angesehen hatte, meinte er in aller Ruhe: ‚So isch’s. Wie wär’s, wenn mr hoim gange dätet?‘ Der Schott antwortete: ‚Ha, des ka mr doch etta. Des ischt doch a historischer Moment, der Moment!‘

‚Was historischer Moment? Des ischt Ruhestörung ond sonscht nix! Des werde mr glei han.‘ Der Hauptmann kommandierte: ‚Das Gewehr … zum Angriff … streckt!‘ Der Trommler hieb aufs Kalbfell. Die Soldaten standen da, den linken Fuß vor, die Pickelhauben auf dem Kopf und senkten die Bajonette. Der Schott wendete sich an den Uhland, und der Uhland an den Löwe und sie meinten: ‚Also … protestiert hätte mr ja jetzt.‘ Darauf machten sie alle kehrt.“[8]

Bald brach die Revolution auch außerhalb Württembergs zusammen: Am 23. Juli 1849 kapitulierten die Aufständischen, die sich in der Festung Rastatt verschanzt hatten. Die preußischen und badischen Kriegsgerichte begannen zu arbeiten. Es wurden 47 Standrechtsurteile verkündet, davon 26 Zuchthausstrafen und 21 Todesurteile, von denen 19 vollstreckt wurden

Als im November 1918 die Revolution dann Stuttgart doch noch erreichte, regierte der populäre König Wilhelm I. immer noch. Aber diesmal trat er ohne viel Aufhebens zurück (just jener König übrigens, der gesagt hatte: „Die ersten Worte, die meine Untertanen lernen müssen, sind ‚noi eta!'"). Davor hatte er den Aufständischen erlaubt, sein Schloss vom Keller bis unters Dach zu durchsuchen, nachdem das Gerücht aufgekommen war, er habe trotz des allgemeinen Hungers Lebensmittel gehortet. Die Delegation der Aufständischen fand nichts. Der König hatte sich streng an die Hungerrationen gehalten. Seiner Wache hatte Wilhelm verboten zu schießen, als die Revoluzzer das Schloss stürmen wollten. Schließlich verlangten sie nur noch, dass eine rote Fahne auf dem Dach des Schlosses gehisst würde. Das Kabinett lehnte in einem eigens herbeigeführten Beschluss ab, auch der sozialdemokratische Minister Hugo Lindemann. Die Aufständischen zwangen danach einen Kammerdiener, die Fahne aufs Dach zu bringen. Sie wehte aber nur wenige Tage dort und wurde vom Soldatenrat wieder eingezogen. Am 30. November 1918 ließ der König die Öffentlichkeit wissen, er wolle „kein Hindernis für die freie Entwicklung des Landes sein", und retirierte nach Bebenhausen. Nach ihm regierte der Sozialdemokrat Wilhelm Blos an der Spitze einer provisorischen Regierung. Er sorgte in kurzer Zeit für eine Normalisierung der Verhältnisse. In Stuttgart erzählte man sich, die einzige Veränderung, die die Revolution in Württemberg gebracht habe, sei, dass der neue Herr Wilhelm Blos heiße, während sein Vorgänger bloß Wilhelm geheißen habe.

Das Stuttgarter Kabelattentat

Am 15. Februar 1933 kam Hitler nach Stuttgart, um vor der Reichstagswahl am 5. März um Stimmen zu werben. Er hielt eine Rede in der damaligen Stadthalle, wo die Plätze aber nicht ausreichten, sodass die Ansprache auf dem Marktplatz übertragen werden musste. Sie wurde auch im Süddeutschen Rundfunk und im Südwestdeutschen Rundfunk gesendet, aber nicht ganz ...

Vier junge Kommunisten, Wilhelm Breuninger, Alfred Däuble, Hermann Medinger und Eduard Weinzierl, versuchten an das Übertragungskabel heranzukommen. Sie hatten sich in den Kopf gesetzt, dem späteren „Führer" das Wort abzuschneiden, was sich freilich als schwieriges Unterfangen erwies. Die vier Männer hatten bereits mehrere Orte ausbaldowert, wo sie eine Möglichkeit sahen, an das oberirdisch verlaufende Übertragungskabel heranzukommen. Aber überall waren Passanten, oft auch Mitglieder der SA unterwegs. Hitlers Rede, die um 20:15 Uhr begonnen hatte und bis 21:25 Uhr gehen sollte, schritt immer weiter voran. Und mit jedem Satz stieg die Begeisterung seiner Zuhörer. Doch dann – mitten im Furor seines rednerischen Endspurts – wurde Hitler jäh unterbrochen. Seine sich immer häufiger überschlagende Stimme war verstummt. Stille über dem Marktplatz und im Radio.

Um 21:15 Uhr endlich hatten die vier Männer in der unmittelbaren Nachbarschaft des Rundfunkgebäudes in der Neckarstraße eine Möglichkeit gefunden, dem Führer der NSDAP das Wort abzuschneiden. Breuninger und Weinzierl gelang es, Passanten wie Bewacher abzulenken, indem sie die Leute in ein Gespräch verwickelten. Däubler stieg in einer Hofeinfahrt auf Medingers Schultern und durchschlug das Kabel, das in vier Metern Höhe an einer Hausmauer entlang lief, mit einem Beil. Sie hatten Adolf Hitler zum Schweigen gebracht.

Noch in der Nacht formulierten und druckten die Stuttgarter KPD-Mitglieder Willi Bohn und Hans Rüß ein Flugblatt, das sie vor Morgengrauen heimlich in Stuttgarts Straßen und Hauseingänge verteilten, um die Bevölkerung über das Kabelattentat zu unterrichten.

Willi Bohn gehörte im Dritten Reich zu den aktiven Widerstandskämpfern im Raum Stuttgart und in Berlin bis zu seiner Festnahme 1934. Er war Leiter der „Transportkolonne Otto", die zu Beginn der Naziherrschaft vielen bedrohten Menschen, vor allem Juden, zur Flucht in die Schweiz verhalf. Oft auf abenteuerlichen Wegen und meist mit einfachen Ruderbooten über den Bodensee. Bohn überlebte Gefängnisse und Lager und setzte sich sofort 1945 für den Aufbau einer stabilen Demokratie ein. Er arbeitete als Journalist und saß von 1946 bis Ende 1959 im Stuttgarter Gemeinderat.

Die Verantwortlichen beim Süddeutschen Rundfunk stellten nach dem Eklat um die Hitler-Rede rasch fest, dass nur ein Schaden am Übertragungskabel die Störung verursacht haben konnte. Sie sprachen unverzüglich bei Hitler vor und beteuerten ihre Unschuld. Da die Post für die Kabel zuständig war, wurden schließlich drei Postbeamte zur Verantwortung gezogen und suspendiert. Doch noch funktionierten die Demokratie und das Rechtswesen in Württemberg. Der Landtagsabgeordnete Johannes Fischer setzte sich für die entlassenen Postler ein und sorgte dafür, dass sie wieder eingestellt wurden.

Vermutlich haben die vier „Attentäter" in Kneipen mit ihrer Tat angegeben. Sie wurden zwei Jahre später verhaftet und zu Gefängnisstrafen zwischen 21 Monaten und zwei Jahren verurteilt. Einer Bestrafung wegen Hochverrats entgingen sie nur, weil die KPD zur Tatzeit noch nicht verboten gewesen war.

Einer der Begründer des Süddeutschen Rundfunks, Matthäus Eisenhofer, behauptete in seinen Memoiren, dass Hitler nach diesem Vorfall nie wieder eine Rede in Stuttgart gehalten habe, was aber so nicht stimmt. Zwar mied er die württembergische Landeshauptstadt über lange Zeit, aber noch einmal, am 1. April 1938, hielt er eine Rede in der Stuttgarter Stadthalle.

Zwei Anschläge auf Hitler

Zwei mutige Männer, die Hitler beseitigen wollten, um ihr Volk zu retten, kamen ebenfalls aus Schwaben: Claus Schenk Graf von Stauffenberg und Johann Georg Elser. Stauffenberg, geboren 1907 im schwäbischen Jettingen, war die zentrale Figur des Attentats auf Hitler vom 20. Juli 1944, des bedeutendsten Umsturzversuchs des militärischen Widerstands in der Zeit des Nationalsozialismus. Am frühen Donnerstagmorgen des 20. Juli 1944 flog Stauffenberg zusammen mit seinem Adjutanten Oberleutnant Werner von Haeften von Rangsdorf bei Berlin mit einer He 111 in das Führerhauptquartier Wolfsschanze bei Rastenburg in Ostpreußen. Er platzierte bei einer Besprechung eine Sprengladung, die in seiner Aktentasche versteckt war, unter dem Kartentisch. Die Bombe explodierte genau nach der Planung der Widerständler, tötete Hitler aber nicht, vielmehr kam der Führer mit geringen Verletzungen davon – eine Tatsache, die er als göttliche Fügung darzustellen wusste. Die Attentäter wurden rasch überführt und hingerichtet.

Hätte Georg Elser Erfolg gehabt, wäre schon 1939, zwei Monate nachdem Hitler mit dem Angriff auf Polen den Zweiten Weltkrieg begonnen hatte, Schluss gewesen mit der Naziherrlichkeit. Alles hatte geklappt. Ganz allein hatte der schwäbische Tüftler eine Bombe und ein raffiniertes Zündungssystem entwickelt und gebaut. In langen Nächten deponierte er seinen

Sprengsatz in einer Säule des Bürgerbräukellers in München, ohne dass es ein Mensch gemerkt hätte. Er stellte den Zünder auf 21:20 Uhr ein.

An diesem Abend lag schwerer Nebel über München. Eine Rückkehr des Führers mit dem Flugzeug nach Berlin war unmöglich. Deshalb wurde ein Sonderzug bereitgestellt. Hitler verkürzte seine Ansprache an die alten Kämpfer stark. Um 21:07 Uhr verließ er, eine Stunde früher als vorgesehen, den Bürgerbräukeller. 13 Minuten später explodierte Elsers Bombe. Sieben Parteigenossen und die Kellnerin Maria Henle starben, 60 Menschen wurden verletzt. Hitler hätte das Attentat nicht überlebt, denn sein Rednerpult stand direkt vor der Säule, in der sich der Sprengsatz befand.

Georg Elser wurde noch am Abend des gleichen Tages beim Übergang über die Schweizer Grenze nahe Konstanz festgenommen. Er hatte eine Postkarte mit dem Bürgerbräukeller als Motiv und einen Zünder in der Tasche. Mit den beiden Utensilien wollte er im Ausland belegen, dass er das Attentat begangen hatte, um so Asyl gewährt zu bekommen. Nun aber überführte er sich sozusagen selbst. Als ihn ein Gestapo-Mann fragte: „Bereuen Sie Ihre Tat?", antwortete der schwäbische Schreiner aus Königsbronn: „Ja, freilich bereue ich sie, sie hat ja nicht funktioniert." Befragt, warum er sich das Attentat vorgenommen habe, antwortete er: „Die von mir angestellten Betrachtungen zeigten, dass die Verhältnisse in Deutschland nur durch die Beseitigung der Führung, also der Obersten, ich meine Hitler, Göring und Goebbels, geändert werden könnten …"

Hitler betrachtete Elser als seinen persönlichen Gefangenen. Der Führer schien beeindruckt zu sein von der Leistung dieses

Einzelgängers, der sein Ziel mit einer unglaublichen Energie und eisernem Willen vorangetrieben und dabei nicht den kleinsten Fehler begangen hatte. Hitler wollte den Bombenbauer erst nach dem Krieg in einem Schauprozess aburteilen lassen. Georg Elser wurde im KZ Sachsenhausen festgehalten und kurz vor Kriegsende ins KZ Dachau gebracht. Als Hitler erkannte, dass der Krieg endgültig verloren war, gab er am 9. April 1945 den Befehl, den Attentäter zu erschießen.

Politik von unten

Mangelnde schwäbische Unterwürfigkeit vor der Obrigkeit zeigte sich nicht nur in den großen Taten, mit denen Geschichte geschrieben wurde. Dass der Schwabe an sich „denen da oben" nur wenig Respekt erweist, zeigt sich auch im Kleinen. Im 19. Jahrhundert waren die Pfarrer in Schwaben die Dienstvorgesetzten der Lehrer. An anderer Stelle haben wir schon erzählt, wie die Kirche durch ihre Konvente das Leben in den Dörfern und Städten beherrschte. Die Macht lag beim evangelischen Pfarrer. Das zeigte sich auch in manchen kleinen Dingen. So mussten beispielsweise die Schulmeistergattinnen oft den geistlichen Herren die Talare und die Bäffchen bügeln. Von einem Lehrer in Raidwangen bei Nürtingen wird erzählt, dass ihn dies saumäßig ärgerte. Eines Tages schickte der Pfarrer einen Buben ins Schulhaus und ließ ihn ausrichten: „Der Herr Lehrer soll zum Herrn Pfarrer kommen. Der Herr Pfarrer möchte mit ihm spazieren gehen." Darauf schickte der Schulmeister den Jungen mit dem Auftrag zurück: „Jetzt sagscht dem Herrn Pfarrer, der Herr Lehrer geht lieber mit seim Hond spaziere."

Die Respektlosigkeit auf die Spitze getrieben hat ein Mann aus dem Remstal. Freilich in einer Zeit, da die Herrschaft der Kirchenoberen längst Geschichte war. Der Mann, der es nur allzu gerne hörte, wenn man ihn einen Rebellen nannte, wurde 1930 in Stuttgart geboren und war im Ländle bekannt wie ein bunter Hund. Er kandidierte bei etwa 200 Wahlen und war immer mal wieder nahe dran zu gewinnen: Helmut Palmer, der selbst ernannte Bürgerrechtler, Pomologe (Obstkundler) und Gemüsehändler aus Geradstetten. Wer eine Plastiktüte zum Einkaufen an seinen Marktstand mitbrachte, wurde nicht bedient. Er forderte bereits in den 1970er-Jahren aus Umweltgründen den „Kretten", also den Einkaufskorb. Palmer wurde – meist wegen Beleidigung – zig Mal verurteilt, saß auch immer wieder im Gefängnis, was sein Rebellentum eher weiter anstachelte.

So konnte es passieren, dass er zur Amtszeit von Ministerpräsident Filbinger in Richterrobe sein Gemüse verkaufte, mit einer Hakenkreuzbinde am Ärmel. Filbinger hatte als Ankläger noch nach Kriegsende gegen den jungen Soldaten Walter Gröger ein Todesurteil beantragt und dieses bestätigen und vollstrecken lassen. Nachdem dieser Fall bekannt wurde, bestritt Filbinger seine Mitwirkung an weiteren Todesurteilen zunächst. Schließlich räumte er ein, die danach entdeckten Fälle vergessen zu haben. Weder entschuldigte er sich bei Grögers Angehörigen, noch gestand er seine Fehler ein. Vielmehr verteidigte er seine Urteilsanträge und Urteile als formal rechtmäßig und weisungsgebunden: „Was damals rechtens war, kann heute nicht Unrecht sein", hat er in einem Gespräch mit zwei SPIEGEL-Redakteuren zu seiner Entlastung gesagt. Ein Satz, der ihn den letzten Rückhalt in der Bevölkerung kostete und schließlich zu seinem Rücktritt führte.

Palmer hatte einige Bürgerinitiativen gestartet. Es gelang ihm sogar Autobahnen zu verhindern. Politik von unten nennt man das heute. Und weil tatsächlich nicht alles verrückt war, was er wollte, hatte er anfangs auch prominente Freunde wie Stuttgarts Oberbürgermeister Manfred Rommel. Aber er wollte von allen für alles, was er tat Zustimmung und hat auf diese Weise die meisten, wenn nicht alle Freunde verloren. Justizministerin Herta Däubler-Gmelin verdammte er, weil sie ihm erst Hilfe versprochen und sich dann nicht mehr gemeldet hatte. Eine von Helmut Palmers Töchtern sagte sich von ihm los und änderte sogar ihren Namen. - wegen seiner gebrochenen Versprechen ... Erika Palmer sagt in einem Interview mit der taz: „Der Helmut Palmer hat ja nach Meinung vieler Bürger – auch hoch stehender – Recht g'habt. Verstehen Sie? Aber er nur falsch ausg'führt ... Der Boris hat nun den Vorteil, dass er's richtig macht." Boris Palmer ist heute Oberbürgermeister von Tübingen und bundesweit einer der führenden Grünen. „Er macht's zwar wie der Vater", fährt seine Mutter fort, aber er macht's richtig." Dass sie damit nicht ganz falsch liegt, zeigt, dass der CDU-Mann Manfred Rommel beim Tübinger OB-Wahlkampf für Boris Palmer aufgetreten ist. „Der Vater ‚sohnt' sich", heißt es in einer sehr alten Schrift. In diesem Fall trifft der Satz zu.

★ ★ ★

Albert kommt auf seinem Weg nach Ulm am späten Nachmittag in einen kleinen Ort, der auf der Albhochfläche liegt. Nach einer Rast will er weiter, nach Blaubeuren hinunter, wo einst die schöne Lau im Blautopf gelebt haben soll – wenn man Eduard Mörike glauben darf. In dem Dorf gibt es noch ein altes Backhaus, vor dem relativ viele Autos stehen. Albert erfährt von einer Frau, die gerade aus ihrem Fahrzeug steigt, dass sie von weit her komme – wegen dem Brot, das es in der Qualität nur noch gibt, wenn der Gemeindeofen ein Mal im Jahr zum Backhausfest angefeuert wird.

Im „Lamm", einer von zwei noch existierenden Gaststätten, kehrt Albert ein. Als er den Gastraum betritt, verstummen die Gespräche am Stammtisch. Die Köpfe bis auf den eines beleibten Mannes, der tief zu schlafen scheint, drehen sich erwartungsvoll Richtung Eingang. Albert tritt zu den Männern. „Ist es gestattet?"

„Wenn du an den Nebatisch g'hockt wersch, na hätte mir g'sagt: ‚Der isch von Schduagert.'" Der Hagere deutet auf einen Stuhl neben sich. „Ich war zwar gerade in Stuttgart, aber eigentlich komme ich aus Berlin, wo mein Flugzeug aus den USA gelandet ist."

„Macht nix, hauptsach du bisch koi so a studierter Beitl", tönt der Hagere. Die anderen Männer lachen, sie kennen ihren „Emes", der eigentlich Immanuel heißt. Albert verkneift sich eine Antwort, aber er muss unwillkürlich schmunzeln bei dem „studierten Beitel". Als Marie, die Wirtin, an den Tisch tritt und sich bei dem neuen Gast erkundigt, was sie bringen darf, bestellt Albert ein Viertel Rotwein.

„I han an Trollinger und einen Fleiner Spätburgunder", klärt ihn die Wirtin auf. „Ich nehme den Fleiner, und ich würde gerne eine Kleinigkeit essen." Dieses Ansinnen macht die Wirtin sichtlich verlegen: „Mir hend scho lang koi Küche mehr." „Ein Stück Brot vielleicht – von ihrem Backhaus hier im Dorf?" „Wenn Ihne des langt." Die Frau verschwindet im Nebenraum.

Jetzt kommen die Gespräche am Tisch wieder in Gang, Albert bekommt mit, dass demnächst Gemeinderatssitzung ist, es geht um eine Flurbereinigung und darum, dass die Sitzung offenbar vom

Bürgermeister auf einen Zeitpunkt gelegt worden ist, wo alle Bauern auf den Feldern zu tun haben.

„Was hättet ihr von onserm Achteles-Schultes anderes erwartet?", wirft der Schulbauer ein. „Achteles-Schultes?", erkundigt sich Albert.

„Gell, so ebbes gibt's bei euch in Amerika ned. Onser Schultes, also unser Bürgermoischter, bestellt in der Wirtschaft immer ein Achtel Wein, weil er genau weiß, dass ihm der Wirt ein Viertele bringt, aber bloß a Achtele auf d' Rechnung schreibt." „Da bestelle ich nachher auch ein Achtel", meint Albert lachend. „Des könnet Se vergesse!", der Rosenbauer ist nicht mehr zu halten, „so ebbes ka sich bloß die Obrigkeit erlauben!"

Marie bringt den Wein und stellt dazu einen Teller mit Brot, Senf und grober Leberwurst auf den Tisch. „Damit Se uns net verhungret, Herr…"

„Albert, sagen Sie einfach Albert zu mir – und vielen Dank!"

Mit einem „Lasset Sie sich's schmecke, Herr Albert" geht sie wieder hinaus, nicht ohne ein paar leere Bierflaschen vom Tisch mitzunehmen. Albert schmunzelt: „Mei Mutter hat früher immer g'sagt: ‚Geh nie mit leeren Händen'. Und was meinen Sie mit Obrigkeit?"

„Des isch doch ganz oifach!", tönt der Hülenbauer, mir hend unsern Schultes, der wiederum hat den Landrat über sich, der den Landtagsabgeordneten ond so weiter bis zum Minischderpräsidenten!"

Der Hagrere poltert los: „Hasch du eine Ahnung! Unser Schultes hat überhaupts koin über sich! Des isch heut no wie im Mittelalter, der macht mit uns, was er will! – Und ihr Grasdackel merkets et amol."

Albert sieht irritiert in die Runde. „Und was ist mit dem Gemeinderat?"

„Der Gemeinderat duet doch, was der Achteles-Schultes will! Freilich, der ischt natürlich au net ogschickt. Da kriegt jeder, der a bissle was zom sage hat im Flecka, irgendwann einmal eine kleine ‚Hilfe‘, eine Information. Oder ausgerechnet grad sei Äckerle wird Baugebiet. So oiner stellt sich doch nie und nimmer gega sein Schultes, oder?"

„Nun ja, so funktioniert die Politik. Und wenn Sie nicht einverstanden sind, brauchen Sie Ihren Bürgermeister ja das nächste Mal nicht mehr zu wählen."

„Was soll des brenga? No kommt halt an anderer. Die Politiker sind doch älle gleich. Dia send wie Tauben."

„Bitte?"

„Wenn sie onda send, fresset se dir aus dr Hand, und sobald se obe send, scheißet se dir auf da Kopf. Und jetz zu dir", der Hagere dreht sich zu Albert, „was bisch du für oiner und wem g'hairesch du?"

Albert sieht den Hageren fragend an. Der grinst breit. „Ich wollte höflich fragen, was Sie machen und aus welcher Familie Sie kommen." Der Stammtisch sieht den Hageren verblüfft an. So bemüht und relativ gekonnt Hochdeutsch haben Sie ihren Emes noch nie reden hören. „Ihr könnet 's Maul wieder zumache, i be fertig mit meiner Red." Er sieht Albert erwartungsvoll an. Der erhebt sein Glas und prostet in die Runde.

„Prost, erstmal!", Albert nimmt einen Schluck, „was ich mache und woher ich komme, das ist eine relativ lange Geschichte. Und ein ‚studierter Beutel‘ bin ich übrigens auch, aber ich bin fest davon überzeugt, dass Fantasie wichtiger ist als Wissen, wenn Sie das beruhigt."

Der Hagere, auch er trinkt Rotwein, hebt sein Glas. „Des mit der Fantasie, des g'fällt mir, proscht!"

Kartoffeschnitz ond Schpatze

Am Freidich wird dr Herrgott bschissa

Lasst uns nach Schwaben entfliehen! Hilf Himmel!
Es findet sich süße Speise da und alles Gute in Fülle …
Und man bäckt im Lande das Brot mit Butter und Eiern.
Rein und klar ist das Wasser, die Luft ist heiter und lieblich.

JOHANN WOLFGANG VON GOETHE
IM SECHSTEN GESANG VON *REINEKE FUCHS*

Es gibt Leute, die sagen, man finde bei Goethe, wie in der Bibel, zu allem ein passendes Zitat. Aber dass der Dichterfürst auf seinen Reisen nach Italien gerne in Schwaben Station machte, weil er hier in aller Regel besonders gut beköstigt wurde, erwähnt er auch noch an anderen Stellen. Vor allem der Württemberger Wein hatte es ihm angetan.

Das kann freilich keiner aus Reutlingen oder Tübingen gewesen sein, der selbst den Schwaben zu räs war, sodass behauptet wurde, die Hausfrauen müssten den Ehemännern keine Socken mehr stopfen, weil der saure Wein die Löcher von alleine zusammenziehe. Auch der Spruch: „Von dem Wein wird dir ja 's Hemed z'kurz", ist Teil des Urteils über Tübinger und Reutlinger Weine. Und bei Sebastian Blau heißt es in einem Gebet zum heiligen Nepomuk auf der Neckarbrücke im katholischen Rottenburg, der ein anstehendes Hochwasser verhindern möge:

„… noh hao' en Ei'seah', guater Ma'
ond fang mit überschwemme'
e' bißle weiter donne' a':
dia Goge' (Tübinger) nemmets et so gnau,
en deane ihren saure' Wei
därf wohl e' bißle Wasser nei'
– ond evangelisch send se ao …"[9]

SEBASTIAN BLAU

Prinz Eugen, dem edlen Ritter und Türkenbesieger, wird der Ausspruch zugeschrieben „Lieber noch einmal Belgrad einnehmen, als noch einen Schluck Reutlinger trinken", nachdem ihm der Bürgermeister der Freien Reichsstadt als Willkommensgruß ein heimisches Gewächs angeboten hatte.

Nehmen wir also an, dass Goethe einen Riesling aus der Heilbronner Gegend oder aus dem Remstal getrunken hat. Ein Kerner, der nach seinem Kollegen Justinus Kerner benannt wurde, kann es nicht gewesen sein, denn der Namensgeber wurde erst 1786 geboren, und Goethes reiste 1790 ein letztes Mal durch Württemberg nach Italien.

In Schwaben unterschied man lange zwischen „Herrenessen" und „Bauernfressen". Dem Band *Kulinarische Streifzüge durch Schwaben* aus der Sigloch-Edition entnehmen wir die Speisefolge des Festmahls, das zu Ehren von Herzog Carl Eugen an dessen 46. Geburtstag am 11. Februar 1774 im Stuttgarter Rathaussaal gereicht wurde: Suppe – Bœuf à la mode – Gefülltes Kraut mit Krebsgrüßen – Sauerkraut mit geräuchertem Schweinefleisch und anderem Zubehör – Pastete mit Schwarzwildbret – Schnecken mit Sardellen – Aal, hierzu 15 Stück Zitronen – Forellen in Sardellensauce – Gemästete wälsche Hähne – eine Spansau

– Bricken und Heringssalat – Lattich- und Selleriesalat – Kräutersalat – Geräucherte Zungen- und Kopfwürste – Presskopf und gesülzte Kapaunen – Gesalztes Wildbret; zum Nachtisch: Zitronentorte – Gußtörtlein – Zimmetbrödlen – Zimmetsterne – Zuckerbretzel – Käs – Butter und Äpfel.

Dazu wurden 80 Liter Wein getrunken.

So viel zur schwäbischen Sparsam- und Genügsamkeit. Die wurde allenfalls bei den armen Ständen geübt. In den einfachen Familien gab es nur höchst selten Fleisch. Die Mahlzeiten bestanden aus Brot und Schmalz, wenig Obst, als Gemüse gab es Kraut und Bohnen.

Bei Vermählungen allerdings ließ man sich auch bei den einfachen Leuten nicht lumpen. Manch ein Brautvater verschuldete sich sogar, um den Hochzeitsgästen ein Festessen bieten zu können. Sebastian Sailer (1717–1777), der dichtende Gemeindepfarrer aus Dieterskirch in Oberschwaben und in diesem Buch schon an anderer Stelle erwähnt, beschrieb ein ländliches Hochzeitsmahl so:

Suppa, Kraut und Kuttelfleck,
schöne grauße (große) Stücke Speck,
Zwetschga, brotne Gäs ond Daube (gebratene Gänse und Tauben)
Schnitta, Schtrauba (Spitzkuchen),
Bauraküchle, Oyerbraud (Eierbrot),
Rüaba, Rendfloisch, Sulz und Reis,
Brotwürscht und a süeße Schbeis…

Antreten zum Gaisburger Marsch

Mit den Kartoffeln mochten sich die Schwaben zunächst nicht anfreunden. Zwar erfuhr man auch im Süden von dem Edikt des Preußenkönigs Friedrich II., in dem er 1742 den Anbau der

Kartoffeln befahl, um vor allem seine Soldaten vor Hunger zu bewahren. Aber was den Preußen recht war, musste den Schwaben noch lange nicht billig sein. Erst als 1772 eine gewaltige Hungersnot über Württemberg hereinbrach, besann man sich auf die Grundbirnen aus Preußen. Aber natürlich begannen die Schwaben sofort mit der Knolle zu experimentieren, erfanden saure Kartoffelrädle, unter Hinzugabe von Mehl Schupfnudeln (auch „Buabaspitzla" genannt) und natürlich den schwäbischen Kartoffelsalat. Quasi die Krönung war der Gaisburger Marsch (schwäbisch „Kartoffelschnitz ond Schpatza" oder auch „Verheierte"), in dem Schwaben fast trotzig in einer guten Brühe Siedfleischstücke und Spätzle mit Kartoffeln zu einem kräftigen Eintopf mischten. Die Bezeichnung „Verheierte" will andeuten, dass man im Gaisburger Marsch Kartoffeln und Spätzle verheiratete.

Der Name dieses Eintopfs soll daher rühren, dass im 19. Jahrhundert Offiziersanwärter, die in der Berger Kaserne untergebracht waren, eine besondere Vorliebe für den kräftigen Ochsenfleischeintopf entwickelten, wie ihn eine Wirtin in der Gaststätte „Bäckerschmiede" in Gaisburg (heute einem Ortsteil Stuttgarts im Osten der Stadt gegenüber von Bad Cannstatt) zubereitete.

Da es den Herren Offiziersanwärtern nicht erlaubt war, sich in losen Gruppen durch die Stadt zu bewegen, musste eine vernünftige Marschanordnung hergestellt werden. „In Dreierreihen angetreten!", hieß es. „Still gestanden! Rechts um! Im Gleichschritt marsch!" Und los ging es. Ziel: Gaisburg, Gasthaus „Bäckerschmiede". Im Volksmund soll diese kleine Truppenbewegung bald „Gaisburger Marsch" geheißen haben.

Es gibt aber noch eine zweite Version: Die Gaisburger Männer sollen einmal in Kriegsgefangenschaft geraten sein. Ihren Frauen sei es danach erlaubt gewesen, den Männern jeden Tag eine Schüssel Essen zu bringen. Die Frauen hätten alles zusammengekocht, was gut schmeckte und kräftig nährte, und dabei sei der Gaisburger Marsch entstanden.

Der ehemalige Bundespräsident Horst Köhler bezeichnete den Gaisburger Marsch als sein absolutes Lieblingsessen. Zu seinem Amtsantritt 2004 bewirtete er mehrere tausend Gäste bei einem „Mahl der Demokratie". Serviert wurde ausschließlich der Rindfleisch-Kartoffel-Spätzle-Eintopf aus Schwaben. Auch der vielfach ausgezeichnete Spitzenkoch Harald Wohlfahrt aus dem Schwarzwald nennt den Gaisburger Marsch sein Lieblingsgericht.

Ursprünglich war das Land zwischen Bodensee und Main von Eichen- und Buchenwäldern geprägt. Außer Hafer und Dinkel wurde nur wenig angebaut. Auf diese beiden Getreidearten gehen die vielen Mehlspeisen zurück, die noch heute die schwäbische Küche mitbestimmen. Die Vorfahren der heutigen Schwaben lebten hauptsächlich von Mehl, Eiern und Milch. Erst in der Zeit der Staufer, also Ende des 11. Jahrhunderts, änderte sich das. Große Flächen wurden gerodet und für die Landwirtschaft nutzbar gemacht. Nun kamen neue Feldfrüchte hinzu und man lernte von den Ländern südlich der Alpen, in denen die Staufer ja auch regierten, wie man Gemüse anbaute und zubereitete.

Und schon sind wir wieder bei Goethe, der während seiner Durchreise in Richtung Rom 1790 begeistert notierte: „Man ist erstaunt als Fremder über die ungeheure Fruchtbarkeit des Landes, auf der ganzen Tour von Heilbronn bis Stuttgart ist kein Fußbreit Landes ungenützt und auch die Hauptstadt liegt in einem Kranz von Bergen, die alle bebaut sind, mitten in Gärten und Weinbergen." Ein wenig mutet das heute so an, als sei Goethe erst vor wenigen Tagen durch das Heimatland seines besten Freundes, Friedrich Schiller, gereist.

Moscht, Schorle oder doch lieber gleich einen Wein

Damals wie heute wird kein Wirt seinen Gast gerne auf dem Trockenen sitzen gelassen haben. Und so wird noch immer jeder Wirt als Erstes die Bestellung für die Getränke aufnehmen. Also wenden auch wir uns zunächst der Frage zu: Was trinkt der Schwabe? Moscht, Schorle, Wein?

Der Schwabe ist, auch wenn er damit nicht protzt, ein bekennender Genießer! Der Ausdruck „Ein Viertele schlotzen" zeigt sein besonders inniges Verhältnis zum Genuss! Das Wort „schlotzen" muss man sich auf der Zunge zergehen lassen. Da geht es nicht nur um Genuss, sondern um wahre Kennerschaft. Der Schwabe trinkt den Wein nicht, sondern er „schlotzt" ihn, lässt ihn die Mundhöhle umspielen, ehe er ihn auf Samtpfoten die Gurgel hinuntertropfen lässt. Einen guten Wein lobt er mit den Worten: „Er hat a wunderbars Gfährtle auf dr hendera Zong!"

Im Gegensatz dazu wird der Most oder Moscht, wie es genau heißt, g'soffa. Die Apfel- und Birnenbäume auf der Streuobstwiese versorgen den Schwaben mit dem nötigen Rohstoff, wobei das Mischungsverhältnis Apfel zu Birnen von jeder Familie mindestens so geheim gehalten wird wie die Rezeptur von Coca-

Cola von ihren amerikanischen Erzeugern. Zunächst aber bangt die Familie um den Ertrag. Ein später Frühling, Frost in der Blütezeit, schwacher Bienenflug, Sturm, Hagel, Trockenheit – all das gefährdet den Ertrag.

Ist die Ernte im Herbst gepflückt und aufgelesen, stellt sich die nächste Hürde in den Weg des für den schwäbischen Haushalt auf dem Land immer noch wichtigsten Getränks: die „Moschde", also die Mosterei, in der die Früchte bis auf den letzten Tropfen ausgepresst werden. Eigentlich eine Gelegenheit, bei der man sich trifft und über alles Neue locker austauschen kann, wäre da nicht die Angst, dass man nicht den Saft von den eigenen Früchten, sondern von den „räsen", also sauren Früchten des Nachbarn bekommt, der womöglich nicht so genau hingeschaut und auch angefaulte Exemplare aufgelesen oder gar Birnen zugesetzt hat, die den Geschmack verderben.

Sobald die Fässer im Keller glücklich gefüllt sind, kommt der nächste, äußerst geheime Schritt: Es geht jetzt um die Zugaben, um die Beimischungen, die den Saft während seiner Metamorphose zum Most entscheidend beeinflussen, sodass am Ende, wenn aus dem Gärspunden keine Blasen mehr aufsteigen, ein Getränk entsteht, das der Familie ein Jahr lang den Durst auf das Köstlichste stillen soll. Die einen tun Brotrinde ins Fass, andere Spätzle, auch da hat jede Familie ihr Rezept, wie viel und in welcher Zusammensetzung der Gärprozess unterstützt wird. Wenn man Glück hat, findet man auch heute noch eine Gaststätte auf dem Land, in der man noch einen „Moschd" bestellen kann, pur oder als Schorle – an heißen Sommertagen ein Genuss.

Pfaffehütle ond Herrgottsbscheißerle

Der Schwabe erweist sich, auch wenn es ums Kochen geht, als gelegentlich poetischer Mensch. Wenn aus Maultaschen, die an sich schon ein Gedicht sind, „Pfaffahütle" werden, und zwar nicht in der süßen Version mit einer Fruchtfüllung. Es gibt Pfaffahütle auch ganz raffiniert mit Lauchfüllung und wenig Speck, wie sie in einer Gaststätte in Ummendorf gemeinsam mit Spinatmaultaschen und den Herrgottsbscheißerle, also den traditionellen Maultaschen, serviert werden. Da am Freitag besonders im katholischen, aber auch im pietistischen Württemberg kein Fleisch gegessen werden sollte, haben die findigen Schwaben das Fleisch zwischen Gewürzen und Gemüsen so gekonnt versteckt, dass es für die strengen Blicke von ganz oben nicht zu sehen ist. Die Legende sagt, dass es die Zisterziensermönche von Maulbronn waren, die ihrem Herrn dieses Schnippchen geschlagen haben, und dass daher der Name Maul-Tasche stamme. Zu jeder Zeit verstanden sich die Schwaben auf die leiblichen Genüsse. Der Dichter Justinus Kerner, der die Freundschaft zu der Schriftstellerin Ottilie Wildermuth pflegte, kündigte ihr am 30. April 1853 seinen Besuch einmal mit dem folgenden Gedicht an:

> *Ja ja! – ich werd dich bald besuchen!*
> *Dann back mir einen Pfannenkuchen,*
> *Wie ich als – was ich nicht vergaß*
> *Im Neuenbaue einen aß.*
> *Dein lieber Vater oft mich freute,*
> *Wenn schmunzelnd er an meiner Seite*
> *Sechs aß – ja liebe Wildermuth,*
> *die waren auch entsetzlich gut!*
> *Sie waren wie der Mond zu schauen,*
> *Groß, goldengelb, gut zu verdauen,*

Aß ich ein Viertel, mir verlieh
Das ganze Viertel Poesie.
Sechs aber wirken dunderschlächtig!

Eine schwäbische Speisekarte beginnt oft mit Flädlesuppe, geht dann weiter mit Maultaschen, geschmälzt oder geröstet, „Bratwürsten, Senf und Brot" und endete fast immer mit „Schwäbischem Rostbraten" als Spitzengericht des Hauses. Doch oft erfüllt sich auch nicht, was die Speisekarte verspricht. Mal ist das Fleisch nicht gut abgehangen und wird in der Pfanne zur berüchtigten Schuhsohle, dann wieder sind die Spätzle aus der Tüte oder die Zwiebel aus der G'friere. Dabei wär's doch so oifach:

Schwäbischer Zwiebelrostbraten
Man nehme (für 4 Personen):
  4 Scheiben Rostbraten (Rumpsteak) mit Fettrand
  4 Zwiebeln
  Salz und Pfeffer
  Öl zum Anbraten
  gut ¼ l Fleischbrühe
  1 Glas trockener Rotwein
  2 EL saure Sahne
  statt Soßenbinder schwitzt die gute schwäbische Köchin
  Mehl mit Butter oder saurer Sahne an.

Das Fleisch für den Zwiebelrostbraten wird abgewaschen und abgetrocknet. Dann am besten ein bis zwei Tage vorher in den Kühlschrank legen und ringsum gut mit Öl bedecken. So wird der Rostbraten besonders zart. Damit der Zwiebelrostbraten auch seinen Namen verdient, gehören natürlich angebratene

Zwiebeln dazu. Hierzu schmälzt man die Zwiebeln. Man schneidet Sie in feine Ringe, dann wird Öl mit etwas Butter in einer Pfanne erhitzt. Die Zwiebeln werden hellbraun gebraten und separat warm gehalten.

Die Rostbratenscheiben ein wenig flach drücken, den Fettrand mit einem Messer vorsichtig einschneiden, aber nicht das Fleisch! Bei den eingelegten Rostbraten die Fleischscheiben in wenig Öl, sonst mit mehr Öl in die Pfanne geben und scharf anbraten. Die Bratzeit beträgt pro Seite und wenn das Fleisch etwa daumendick ist, etwa 2–3 Minuten. Möchte man den Zwiebelrostbraten ganz durch haben, kann man ihn im Backofen noch einmal bei etwa 120 Grad 5–6 Minuten nachgaren lassen. So wird der Rostbraten nicht trocken und zäh, was leicht passiert, wenn man ihn in der Pfanne durchbrät. Nach dem Braten wird das Fleisch gesalzen und mit der Pfeffermühle gewürzt. So oder so ähnlich könnte es losgehen, das kulinarische Ereignis Rostbraten. Aber etwas Entscheidendes fehlt ja noch:

Die Spätzle

Man nehme (für 4 Personen):

300 g Mehl

4 Eier

1 TL Salz

1 EL Öl

circa 125 ml kaltes Wasser

Wasser, Eier und Mehl zu einem leicht zähen Teig mischen. Dann den Spätzlesteig mit einem Rührlöffel solange weiter bearbeiten und schlagen, bis eine glänzende Masse entsteht, die

Blasen wirft. Diesen Spätzlesteig mindesten 20 Minuten in der warmen Küchen stehen lassen. In der Zwischenzeit einen großen Topf mit Wasser und 1 Teelöffel Salz zum Kochen bringen. Und jetzt zeigt sich der wahre Spätzleskoch! Er gibt etwas Teig auf ein nasses Spätzlesbrett, verstreicht ihn dünn und schabt mit einem breiten Messer rasch dünne Streifen in das sprudelnde Wasser. Der Könner taucht zwischendurch das Messer ins Wasser, damit der Teig nicht dran haften bleibt. Sobald die Spätzle wieder oben schwimmen, schöpft man sie mit einem Sieb heraus und gibt sie in eine vorgewärmte, mit Butter ausgestrichene Schüssel. Zwischendurch werden die Spätzle immer wieder durchgemischt, damit sie nicht verkleben. Einige schwören darauf, die Spätzle zuerst in ein großes Sieb zu schöpfen, kurz mit warmem Wasser abzuspülen und erst dann in die Schüssel zu geben.

Anstatt des Spätzlesbretts kann man auch einen Spätzlehobel oder eine Spätzlespresse, den „Spätzlesschwab" (dessen Erfindung haben wir im Kapitel „Danke dr Nachfrog – emmer gnueg Gschäft" beschrieben), verwenden, die vorher mit kaltem Wasser ausgespült werden.

Besonders lecker wird es mit einer Schmälze über den Spätzle: Dazu nimmt man 1 Esslöffel Butter und 1–2 Esslöffel Semmelbrösel sowie eine Prise Salz und schmälzt die Zutaten in einem Pfännchen, bis die Semmelbrösel eine hellbraune Farbe bekommen und gut riechen. Diese geschmälzten Semmelbrösel gibt man als Garnitur über die Spätzle.

Was aber ist das Geheimnis, warum haben Spätzle längst den Siegeszug durch ganz Deutschland angetreten? Sind sie doch auch bloß Nudeln aus Wasser, Ei und Mehl. Von wegen!

Ein Grund, warum die „Handg'schabte" die besten aller Spätzle sind, die Krönung aller Teigwaren schlechthin, liegt an ihrer Konsistenz und ihrer leicht angerauten Oberfläche: Frisch aus dem kochenden Wasser gehoben, haben sie eine Art, die Bratensoße an sich zu binden, die ihresgleichen sucht!

Schwäbischer Kartoffelsalat

Nicht fehlen darf ein Kartoffelsalat, der einem Seufzer der Wollust entlockt. Und das tut er nur, wenn er besser ist als „der vo dahoim", also der, den man von zu Hause kennt, was selten genug der Fall ist. Für den schwäbischen Kartoffelsalat werden festkochende Salatkartoffeln genommen und noch heiß geschält, weshalb diese Arbeit von der schwäbischen Hausfrau gerne an die Männer delegiert wird. Dann werden fein gewürfelte Zwiebeln dazugegeben. Dazu kommt warme Brühe, Essig und Öl, die vorsichtig untergezogen werden. Am besten versteckt man jetzt die Schüssel, weil bereits lange vor der Zeit, alle die zuvor geschält haben, „abschmecken" wollen, bis nichts mehr da ist. Aber der Kartoffelsalat muss unbedingt gut durchziehen und zwar notfalls unter weiterer Zugabe von Brühe, Öl und Essig, bis er „schwätzt", also schmatzt, wenn man ihn umrührt. Fein geschnittene Salatgurke kann man, muss man aber nicht dazugeben, auch frischer Schnittlauch obendrauf gestreut ist denkbar. Ansonsten gibt es so viele Variationen, wie es schwäbische Mütter gibt, und alle unterscheiden sich durch winzige Details: Die Wahl der Kartoffelsorte, Dicke der Kartoffelscheiben, Reihenfolge der flüssigen Zutaten, Menge und Art der Gewürze, all das sorgt schließlich für einen unverwechselbaren schwäbischen Kartoffelsalat, bei dem man sich merkt, wann und wo man ihn bekommen hat, ähnlich wie beim ersten Kuss, wobei man Letzteren im Laufe der Zeit eher mal vergisst. Und weil wir schon so viel von ihm erzählt haben, hier noch das Rezept für den Gaisburger Marsch...

Verheierter oder Kartoffelschnitz ond Schpatze...

...genannt. Man nehme:

Für die Brühe:
500 g Suppenfleisch
zwei, drei Markknochen
eine halbe, an der Schnittfläche geröstete Zwiebel
Sellerie
Gelbe Rüben, auch Möhren genannt
Petersilie
etwas gekörnte Brühe
Pfeffer
Salz

Für die Einlage:
500 g geschälte rohe Kartoffeln
drei Tassen handgeschabte Spätzle
eine fein gehackte, in Butter gebräunte Zwiebel
etwas Schnittlauch

Fleisch, Knochen und Gemüse in der Brühe circa zwei Stunden weich kochen. Brühe durchseihen und leicht abwürzen. Kartoffeln in Würfel schneiden und in der Brühe langsam garen. Inzwischen das Suppenfleisch in Würfel schneiden und ebenfalls in die Brühe geben. In einer Terrine anrichten. Die Spätzle in Butter anschwenken und über das Fleisch und die Kartoffeln schichten. Angebräunte Zwiebel und frisch geschnittenen Schnittlauch darüber geben.

Nicht alle Köstlichkeiten der schwäbischen Küche sollen hier aufgeführt werden, es gibt einfach zu viele. Einige, wesentliche aber dürfen hier nicht fehlen, manche schon allein wegen ihres originellen Namens: Schupfnudeln (vulgo Buabaspitzla) zum Beispiel. Weiter geht es mit Kässpätzle und Krautspätzle, Linsen mit Spätzle und Saitenwürsten, Krautwickel, Saure Nierle, Saure Kutteln mit Bratkartoffeln, Schäufele in Wacholderrahm und das seltene Katzagschroi. Dieses schwäbische Gericht hat nichts mit den tierischen Lauten zu tun, die Kater von sich geben, wenn sie „rallig" sind, auch wenn man nach dessen Genuss durchaus Laute hören kann, die sinnliches Wohlgefallen zum Ausdruck bringen. Es handelt sich um eine Art Vesper aus kaltem Suppenfleisch, das mit Zwiebeln, Möhren, Sellerie und Lauch angebraten und dann mit verquirlten Eiern zum Stocken gebracht wird. Dazu Schnittlauch und Petersilie und ein knuspriges Holzofenbrot, sehr lecker…

Dampfnudle, Ofaschlupfer, Pfitzauf

… und nahezu jedes Kind wird sich an Spätzle mit Soß' erinnern – ein Gericht übrigens, das man für 3,40 Euro auch in Berlin bekommt. Sogar als Erwachsener. Der Wirt serviert es in den Schwarzwaldstuben in der Tucholskystraße, und man kann mit etwas Glück den einstigen Außenminister Joschka Fischer, der ja im Remstal aufgewachsen ist, oder den Chef des Automobilverbandes Matthias Wissmann dort beobachten, wie sie das feine einfache Essen genießen.

Noch lieber freilich werden sich Kinder erinnern an Ofaschlupfer, nackige Dampfnudeln, Apfelküchle und Pfitzauf. Pfitzauf? Klingt gut und schmeckt auch so. Für alle Nichtschwaben: Es handelt sich um eine Art schwäbischen Kaiserschmarrn. Auch beim Pfitzauf darf der Backofen auf gar keinen Fall vorzeitig geöffnet werden, damit das luftige Gebilde in seinen Förmchen nicht in sich zusammensackt. Man lässt sie daher auch noch eine Weile im Ofen, wenn sie schon fertig sind, was bei dem Duft kein leichtes Unterfangen ist. Dann löst man die Pfitzauf vorsichtig aus den Förmchen, bestreut sie mit Staubzucker und reicht dazu, so man will, Kompott. Genießen soll man sie dann traditionell mit zwei Gabeln, die man braucht, um die Pfitzauf auseinanderzurupfen. Ein weiterer schwäbischer Nachtisch, die Allgäuer Nonnenfürzle, werden in Fett ausgebacken. Es sind luftige Krapfen aus Hefeteig, die ursprünglich während der Fastnachtszeit gegessen werden. Mit Puderzucker und mit Kirschen oder Vanillesauce serviert, ein Gedicht!

Dr Schiller ond dr Hegel, dr Uhland ond dr Hauff …
Selbst die Musen sind solide

„Immer waren die Schwaben vor eine seltsame Wahl gestellt: entweder sie blieben hocken; oder sie wurden reich; oder sie hatten einen Sparren; oder sie wanderten aus; im schlimmsten Fall wurden sie genial. Nur ein kleiner Rest verhielt sich wie andere Leute." So sieht uns einer, der freilich selber ein Schwabe ist. Klaus Harpprecht, Journalist und Schriftsteller, 1927 in Stuttgart geboren.[10] Die meiste Zeit seines Lebens verbrachte er allerdings im Ausland. Als Reporter der Windrose GmbH ständig auf Reisen, als Redenschreiber von Willy Brandt in Berlin und Bonn, als Leiter des S. Fischer Verlags in Frankfurt, als Paris-Korrespondent der Wochenzeitung DIE ZEIT und als Amerikakorrespondent des ZDF in Washington. Heute lebt Klaus Harpprecht in Südfrankreich. Er hat die Schwaben also immer auch von außen gesehen.

Bliebe noch anzumerken, dass sein „Entweder-oder" den Beobachtungen Georg Wilhelm Friedrich Hegels (1770–1831) und aller seiner geistigen Nachfahren widerspricht. Für den Schwaben gilt viel eher das „Sowohl-als-auch", für sie ist eben immer beides möglich: Hocken bleiben und einen Sparren haben, daheim sein und sich nach der Ferne sehnen; und fast alle, die ausgewandert sind, sind reich geworden. „Die Genialen sind fast nie hocken geblieben", notiert Thaddäus Troll, zu seinen Lebzeiten ein guter Bekannter Harpprechts. „Viele, sehr viele bedeutende Schwaben sind außerhalb ihrer Heimat gestorben: Kepler, Schiller, Hegel, Schelling, Brecht, List, Hesse zum Beispiel."

Wäre der Schwabe ein Mensch, der zu Selbstzweifeln neigt, könnte er ins Grübeln geraten, wenn er die Urteile mancher Nichtschwaben über seinen Stamm zu hören oder zu lesen bekäme. Dass es manche Berliner da seit einiger Zeit besonders arg treiben, ist durch zahllose Veröffentlichungen quer durch die Republik bekannt geworden. Am schlimmsten war wohl das Berliner Szenemagazin *tip:* Der Schwabe ist bekanntlich schlau, hinterhältig und kleinkariert und hat auch noch im Protest zu einem Bahnhof die neue Spießer-Apo gegründet. Demnächst kriegen sie in Böblingen oder Karlsruhe die angesagtesten Elendsviertel. Dann bleibt uns in Berlin gar nichts mehr, worauf wir uns was einbilden können." (Dass Karlsruhe keine schwäbische Stadt ist, hatte sich noch nicht bis in die Redaktionsstuben des *tip* herumgesprochen.)

Aber schon sehr viel früher hat so manch einer, der von außen kam, Bitteres über uns Schwaben abgelassen. In dem 1886 erschienenen Buch *Culturbilder aus Württemberg* das anonym erschienen ist, aber vermutlich von dem norddeutschen Autor Hans Flach stammt, heißt es:

„Für den Einheimischen mag ja wirklich manches gemütlich sein, das ranglose Durcheinander in Kneipen und Biergärten und Vornehm und Gering. Bier und Spülwasser, Rettig und Brotkrumen, Käserinden und Cigarrenasche, vielleicht die selbst auch in besseren Gasthöfen schmutzigen Tischtücher und obstmußangefüllten Servietten und der mit der Cigarre im Mund bedienende Wirt: für Nichtwürttemberger, fürchte ich, wird der Reiz vieler Dinge ungleich geringer sein, und er wird in manchen Fällen zweifellos des Wortes Gemütlichkeit zur Charakterisiirung ein weit treffenderes Hauptwort anzuwenden die Neigung haben."

An anderer Stelle nimmt er die württembergischen Schulen und ihre Lehrer aufs Korn: „Der württembergische Grundzug, die unentwegte Formlosigkeit, die sich besonders auch in der Sprache in so abschreckender Weise manifestiert, wird in den unteren Schulklassen erzeugt, in denen nicht das geringste für formelle Gewandtheit, Declamationsübungen u.s.w. geschieht, in denen der Lehrer nicht selten wie ein ländlicher Eumaeos [der Sauhirte, der den Odysseus als Erster wiedererkennt – Anm. der Autoren] spricht, in den unglaublichen Schimpfworten und Rohheiten sich bewegt und diejenigen Kinder verhöhnt, die etwa von ihren Eltern in hochdeutscher Sprache erzogen sind, so dass er fürwahr nach jeder Richtung hin den Knaben nur ein Vorbild sein kann, wie man es – nicht machen darf."

Wesentlich milder hat Friedrich Nicolai gut hundert Jahre vor dem Räsonierer aus Norddeutschland die Schwaben und ihre Sprache gesehen. In seiner *Beschreibung einer Reise durch Deutschland und die Schweiz im Jahre 1781,* die 1783 bis 1796 erschien, vermerkt er: „Die schwäbische Aussprache ist freilich zuweilen etwas rau und wenigstens allemal sehr breit, so dass zuweilen die Töne in einem schönen Munde etwas auffallen, obgleich auch freilich ein schöner Mund den breiten Tönen Anmuth giebt."

Der Autor der *Culturbilder aus Württemberg* dagegen gießt selbst dann Gift in den Wein, wenn er über die reizvollen schwäbischen Mädchen und Frauen schreibt:

„Daß die Sittlichkeit in Württemberg nicht größer ist als in Norddeutschland, kann nur von dem geleugnet werden, der das schwäbische Mädchen nicht kennt, das naturgemäß ein weit heißeres Blut hat als das Mädchen unserer Küstengegend, so dass es schon durch seine angeborene Gluth den Übergang zu den leidenschaftlichen Italienerinnen bildet, dieses Feuer aber noch in künstlicher Weise durch alkoholische Getränke mehr zu entflammen pflegt, was bei norddeutschen Mädchen kaum vorkommen dürfte."

Die schwäbische Weiblichkeit hatte es stets vielen Fremden angetan. So schreibt Hector Wilhelm von Günderode (1755–1786), der Vater der Dichterin Karoline von Günderode, die Schwaben seien „sehr galant gegen das schöne Geschlecht, welches viele Vorzüge, ja sogar ein ganz besonderes Weiberrecht hat. Das Äußere ist mit diesen Zügen sehr übereinstimmend." Man treffe „gesunde, starke, lustige Brüder und Schwestern" an, „mit sehr unangenehmer Sprache, welche das schöne Geschlecht ebenso führt, übrigens aber in der Tat von schöner Art ist." Schwäbisch gesprochen hat er wohl gemeint: „Schön sind sie, die dürfet bloß 's Maul net aufmache!"

Zuvor aber lobt von Günderode die Schwaben unverhohlen: „Hauptzüge des Nationalcharakters sind Offenherzigkeit, Redlichkeit und Treue, Religiosität, wenigstens im Äußeren, Gastfreiheit und starker Hang zum guten Essen und Trinken, Fröhlichkeit, Neigungen zu allen Vergnügungen, Putz und Wohlleben, ungezwungen, und mehr als in vielen anderen Provinzen Deutschlands sind die Kinder der Natur ...“

Johann Kaspar Riesbeck, 1754 in Höchst geboren, war Schauspieler und als Journalist der erste Redakteur der heute noch hoch angesehenen *Neuen Zürcher Zeitung.* Er hat Schwaben mehrfach besucht. In den 90er-Jahren des 18. Jahrhunderts schrieb er an seinen in Paris lebenden Bruder über die schwäbische Landeshauptstadt Stuttgart:

„Die Stadt ist wohlgebaut und wird von einem schönen und starken Schlag Leute bewohnt. Das Frauenzimmer ist groß, schlank und rund. Seine Farbe ist Milch und Blut. Der Reichtum des Erdreichs und die Leichtigkeit bei Hofe oder vom Lande Unterhaltung zu finden, sind Ursache, dass man hier sehr wohl lebt. Was man bei uns für 12 Personen aufsetzte, reicht hier kaum für sechs hin. Dem Stuttgarter ist daher zu Hause so wohl, dass er in einer Entfernung von 6 bis 8 Meilen das Heimweh bekömmt.“

Ein anonymer Chronist, der zu Zeiten des Dichters Christian Friedrich Daniel Schubart nach Stuttgart kam, schildert einen Besuch um 1845 in einem Gasthaus, in dem der Poet und sein bester Freund, der Schieferdecker Leopold Baur, bei Unmengen Württemberger Weins Hof hielten: „Bei meinem Leben, nichts ergötzlicheres ließe sich denken als eine Abendgesellschaft dieser lustigen Gesellen. Der ‚Adler‘ war ihr liebstes Quartier, und es sammelte sich alles, was einen gesunden Sinn und Füße hatte, wenn man wußte, das Schubart und der dicke Baur sich treffen … An den entfernteren Tischen der Wirtsstube saßen Perruquiers, Stallknechte, Bediente, Schreiner, Schlosser, Seckler, Schuster, Schneider und Gevatter Handschuhmacher; um die Helden des Hauses saßen herum: Offiziere, Advokaten, Feldscherer, Kanzlisten, Sekretäre, Kammerräte, Buchhalter, Kaufleute, Studenten und Geiger, Springer und Tänzer, Engländer, Franzosen, Italiener und Deutsche – alle in einem Zimmer beisammen, alle beschäftigt, die Sorgen des Tages im Weine zu ertränken. Der Baur war ein ungeheures Stück Zunder, auf den man nur dupfen durfte, um ihm den köstlichsten Stoff zu einem schallenden Gelächter zu entlocken."

Als sich der Schieferdecker Baur – man muss es schon so sagen – tot gesoffen hatte, widmete ihm sein Freund Schubart gleich zwei Grabschriften:

> O Wanderer,
> Lies mit Graus und Beben:
> Ein Mann
> Ruht unter dieser Schar,
> Der nie
> In seinem ganzen Leben
> Als am Geburtstag
> Nüchtern war.

Im zweiten Grabspruch heißt es:

> Hier liegt
> Entseelt und totenblaß,
> Das zweite
> Heidelberger Faß.

Wolfgang Menzel, 1798 in Waldenburg (Schlesien) geboren, kam 1825 als Redakteur von Cottas *Literaturblatt* nach Stuttgart und wurde dort rasch zum gefürchteten Literaturpapst – der Marcel Reich-Ranicki seiner Zeit. Die Schwaben freilich unterzog er keiner besonderen Kritik, vielmehr schrieb er: „Ich konnte mich in geselliger Beziehung nirgends wohler befinden als in Stuttgart. Der Volksstamm im Neckartal ist nicht sehr anschmiegsam und gewandt, auch nicht sehr mitteilsam und redselig, aber solid von Charakter, gut geschult und daher reich an Kenntnissen. Man kommt dem Fremden nicht gleich entgegen, aber man nimmt ihn an, wenn er sich natürlich gibt und nicht unbescheiden ist."

Der französische Schriftsteller Xavier Marmier (1808–1892) besuchte in einem Sommer Mitte des 19. Jahrhunderts Stuttgart. Wie viele Reisende zog es ihn in das Atelier des Bildhauers Johann Heinrich Dannecker, den er den württembergischen Casanova nannte. Und er traf dort die schwäbischen Dichter Ludwig Uhland und Gustav Schwab. Sie beschlossen einen gemeinsamen Ausflug zu machen. „Wir brachen vergnügt zu Fuß auf", erzählt der Franzose, „bewunderten die großen Bäume, die unseren Weg beschatteten, die klaren Fluten des Neckars, die grünen Uferwiesen, plaudernd und träumend. Auf dem ganzen Weg trafen wir eine Masse junger Leute und ehrbarer Bürger ... und immer wieder wurden Uhland, der Dichter und Abgeordnete von Tübingen, und Schwab, der gelehrte Professor, ehrerbietig gegrüßt. Es war wie auf Fausts Spaziergang mit Wagner, und ich kam mir ... vor wie der obskure Wagner und hätte mit ihm ausrufen können: ‚Welch ein Gefühl musst du, o großer Mann, bei der Verehrung dieser Menge haben.' In den Anlagen von Cannstatt ließen wir uns im Schatten einer Linde nieder, unter gut hundert Menschen aller Klassen und Lebensalter. Es

gibt Bäder hier, die im Sommer ziemlich viele Fremde herbei-
ziehen, auch kommen an schönen Tagen ganze Familien aus
der Residenz herüber und trinken hier Kaffee oder Bier und
die Männer rauchen, wie dies in Deutschland der Brauch, ihre
Pfeife dazu. […] Zwei Stunden verweilten wir in unserem glück-
haften Lustgarten, und viel zu schnell flossen sie mir dahin.
Am Abend wanderten wir im Mondenschein zurück, und Gustav Schwab erzählte uns Volkssagen, wovon er gerade eine neue
Sammlung vorbereitete. Uhland dagegen deklamierte auf meine
Bitte eines seiner Lieder: ‚Der Wirtin Töchterlein‘, ein richtiges
kleines Drama: ‚Es zogen drei Burschen wohl über den Rhein,
bei einer Frau Wirtin, da kehrten sie ein …‘ Während er diese
Verse sprach, zog ein Trupp Studenten, die ebenfalls in Cann-
statt gewesen waren, an uns vorbei: Sie sangen ein Lied von
Schubert. Ein sanfter Abendwind bewegte die Zweige der blü-
henden Linden und verbreitete weithin seinen Duft; am Ne-
ckarstrand wippte eine Bachstelze unter dem nachdenklichen
Blick eines gedankenvollen Rotkehlchens; die Sonne ging am
Horizont in Fluten von Abendrot unter, und ich war zwanzig
Jahre alt."

Johann Wolfgang von Goethe, sonst den Schwaben und ihrem Land eher zugetan, konnte der Romantik der beiden schwäbischen Dichter nichts abgewinnen. Ja, er verachtete die sogenannte Schwäbische Dichterschule, deren wichtigste
Protagonisten Uhland und Gustav Schwab waren. In einem
Brief an seinen Freund Carl Friedrich Zelter beschrieb er 1832
aus seiner Sicht das, was Heinrich Heine etwa um die gleiche
Zeit „die schwäbische Veigeleslyrik" nannte. Goethe hätte das,
so vermutete später der Dichter Heinrich Laube, anders ausge-

drückt, wenn seine Einschätzung für die Öffentlichkeit bestimmt gewesen wäre, aber so nahm der Dichterfürst kein Blatt vor den Mund:

„Aus jener Region möchte wohl nichts Aufregendes, Tüchtiges, das Menschengeschick Bezwingendes hervorgehen. So will ich auch diese Produktion nicht schelten, aber nicht wieder hineinsehen. Wundersam ist es, wie sich die Herrlein einen gewissen sittig-religiös-poetischen Bettlermantel so geschickt umzuschlagen wissen, dass, wenn auch der Ellenbogen herausguckt, man diesen Mangel für eine poetische Intention halten muß. Ich leg' es bei der nächsten Sendung bei, damit ich es nur aus dem Hause schaffe."

Heinrich Laube dagegen schätzte Uhland sehr und bemerkte, der Tübinger Dichter habe so schöne Lieder gemacht wie Goethe in seiner besten Zeit. Im Übrigen aber hatte auch Laube so seine Probleme mit den Schwaben: „Der Name Schwaben und der Stamm dieses Volkes", schreibt er, „wird von den Sueven, den Schweifenden, abgeleitet. Wenn man nicht in besondere Anrechnung bringt, dass heute noch aus diesen Gegenden Viel nach Amerika auswandern, so ist nicht viel Schweifendes von den Ahnherren übriggeblieben, das Volk hat sich im Gegenteil sehr festgeklammert an altem Boden und alter Sitte …"

Etwas später fährt Laube fort: „Es gibt nichts Keuscheres als den schwäbischen Dichter, sie leben und dichten von der Ahnung eines Kusses, es ist möglich, dass ihr Hauptdichter Uhland niemals geküsst hat und er gerade deshalb so ein guter Dichter geworden ist; denn der Genuss ist bekanntlich für den Menschen sehr angenehm, aber der Dichter gedeiht in der Entbehrung, man besingt viel besser, was man wünscht, als was man besitzt. Gustav Schwab wäre viel größer geworden, wenn er nicht so dick geworden wäre."

So kann man sich täuschen, Herr Laube, könnte man sagen. Entbehrung hat noch keinen Dichter besser gemacht, und Körperfülle keinem Künstler geschadet, wofür es viele Beispiele gibt.

Offenbar gehörte es dazu, Uhland und Schwab zu besuchen, wenn man nach Schwaben kam. Darum bemühte sich auch der in Magdeburg geborene Roman- und Theaterautor Karl Immermann (1796–1840). Die letzte Strecke seiner Anfahrt nach Stuttgart am 8. September 1833 beschreibt er so: „Über Besigheim, Lauffen, Ludwigsburg immer am Neckar und an der Enz entlang nach Stuttgart bei brütender Hitze. Es liegt ganz eng zwischen den Bergen eingekeilt, sieht ziemlich groß und etwas düster aus. Manches Neue und Wohlgebaute ist in der Stadt, scheidet sich jedoch nicht in Massen von dem Kleinen und Alten, liegt vielmehr damit vermischt. Die Gassen laufen hügelauf und nieder." Immermann blieb nur zwei Tage. Bevor er am 10. September wieder abreiste, notierte er: „Zuletzt bei Uhland in seinem Hinterstübchen, welches er für die Dauer des Landtags gemietet hat. Eine unbeschreibliche Persönlichkeit, unbeholfen, linkisch einsilbig und doch unendlich anziehend, weil man sieht; an dem ganzen Menschen ist nicht ein falsches Haar. Die schönsten, himmelblauen Augen, die ich je sah. Abends Gesellschaft bei Schwab, der hier den literarischen Peter des Plaisirs macht. Ungeachtet aller Nobilitäten und des zum Teil französisch geführten Gesprächs strickte Frau Schwab ihren Strumpf und kamen die Kinder halbnackend herein und sagten gute Nacht."

Man ist, wie so oft in diesem Buch, geneigt, zu sagen: Ja, so semmer halt!

Ganz anders als Immermann reiste der Dichter, Journalist und Theatermann Franz Dingelstedt (1814–1881) auf Stuttgart zu, nämlich mit der Eisenbahn. Der spätere Direktor des Wiener Burgtheaters kam dabei gewaltig ins Schwärmen: „Jetzt bohrt sich das feuerspeiende Ungetüm in den Bauch des Berges, und wir verschwinden in gähnender Nacht; jetzt wieder überspringt es auf langgestreckter, rotgedeckter Prachtbrücke die vom Schwarzwald in den Neckar eilende Enz. Klassische Stellen, wohin wir blicken und greifen, und überall südliche Fülle und Lebendigkeit. […] Wir nähern uns der Residenz, die Erinnerungen werden dynastischer: droben der Rotenberg, wo ehemals das Stammschloss der herrschenden Familie gestanden, nicht weit davon der Rosenstein, des Königs Landhaus, und zwischen beiden die kronprinzliche Villa. Wir aber mitten durch sie hin, hoch über sie weg, rasch an ihnen vorbei, mit zauberhafter Kraft und Schnelle, die Haare fliegen im Wind, das Herz pochend vor Reise- und Lebenslust."

Victor Hugo, die zentrale Gestalt der französischen Literatur des 19. Jahrhunderts, kam 1840 über Heidelberg nach Stuttgart. Es hat ihm nicht gefallen. Verärgert war er über die Stiftskirche „neben dem Schillerstandbild. [Sie] hat recht schöne Seitenansichten. Die beiden konisch zugespitzten Glockentürme nehmen sich mit der Apsis zusammen sehr wohl aus. Einer jener Küster, wie sie in den lutherischen Bethäusern üblich sind, hat mir das Tor geöffnet … Auch hier findet man eine dieser protestantischen Inneneinrichtungen vor, die eine Kirche zur Schule machen. Überall Bänke, mitten davor ein Tisch. Das mag vernünftig sein, aber es ist hässlich. Einige alte katholische Gräber werden noch hier und da unter dieser hugenottischen Tischlerarbeit sichtbar … Ich war über die Vernachlässigung der Gräber empört, und ich hörte meinem alten, braven Führer kaum zu. Der wackere Mann schuf sich aus dem deutschen und dem Französischen eine Sprache, die weder Französisch noch Deutsch war. Bezüglich der Könige von Württemberg, die Könige von Napoleons Gnaden sind, sagte er, dass der jetzige König Wilhelm erst der zweite König ist; der erste hieß Friedrich, und er fügte hinzu, dass der jetzige König 1781 ‚geborné‘ ist und es sei noch keine zehn Jahre her, dass sein Vater ‚gestorbé‘ ist. Eine Stunde später habe ich Stuttgart verlassen und bin auf der Bergstraße nach Waldenbuch gefahren.“

Der aus dem Weserbergland stammende Dichter Wilhelm Raabe (1857–1910) lebte von 1862 bis 1870 in Stuttgart und hat sich sichtlich wohler gefühlt. In einem kurzen Brief an seine Mutter schreibt er: „Berta ist übrigens sehr unglücklich darüber, dass Ihr meint, ich sei auf ihren Wunsch von Wolfenbüttel fortgegangen. Das ist nicht der Fall. Ich wollte nur, ich könnte Euch alle von dort fort und hierher bringen. Für mich als Schriftsteller wie als Mensch könnte ich jetzt in ganz Deutschland keinen besseren Aufenthaltsort finden; habe mir deshalb soeben auch meine Aufenthaltskarte auf ein Jahr verlängern lassen.“

Und auch Ilja Ehrenburg, russischer Schriftsteller, geboren 1891 in Kiew, der von 1921 bis 1923 als Korrespondent für die sowjetische Presse aus Brüssel, Paris und Deutschland berichtete, scheint seine Zeit in Stuttgart genossen zu haben: „Provinz gibt es in Deutschland auch heute nicht. Jedes Krähwinkel kann auf die Rolle einer europäischen Großstadt Anspruch erheben. Das nur wenigen bekannte Dessau ist weit moderner als Brüssel, Warschau oder Lyon. Stuttgart gleicht in seiner Einwohnerzahl Bordeaux oder Werchne-Dnjeprowsk. Hier beschränkt man sich jedoch nicht auf Weinfässer und fünf Parteiklubs. Es ist ein Kulturzentrum: mehrere Zeitungen, alle umfangreich und gediegen, ungefähr zwanzig Buchhandlungen, und zwar können einige von ihnen, was geschickte Auswahl, Unterrichtetheit der Verkäufer und Geschicklichkeit der Schaufensterauslagen anbelangt, sich mit den besten Berliner Buchhandlungen messen, eigene Verlage und Zeitschriften, viele Gemäldeausstellungen, Theater, prächtige Konzertsäle. Was die moderne Architektur anbelangt, so ist Stuttgart ein Amerika. Diese Stadt besitzt mehr wirklich zeitgemäße Häuser als Paris. Auf einer Anhöhe liegt eine neue Stadt [gemeint ist die Weißenhofsiedlung – Anm. der Autoren]: weiße Würfel, Glas, Licht, die ganze doppelte Krankenhaussauberkeit unseres syphilitischen und mißtrauischen Jahrhunderts. Hier arbeiteten alle besten Architekten Europas von Gropius bis zu Corbusier-Sognier ...“[11]

Joachim Ringelnatz, eigentlich Hans Bötticher, 1883 in Würzen bei Leipzig geboren, trat vor 1933 mehrmals als Kabarettist im „Excelsior“ in Stuttgart auf.

Über die Wein- und Bäckerstuben in der Hauptstadt Württembergs dichtete er:

Vor dem heißen Ofen balgen
Katzen sich. Wie dumme Jungen.
Auf dem Tisch an kleinen Galgen
Hängen Brezeln, schön geschwungen.

Würdebärte schlürfen kräftig
Wichtig diskutierte Weine. –

Links im Laden bückt die kleine
Bäckerstochter sich geschäftig.

Zinn blitzt von der Holz-Fassade.
Zeichnungen an allen Wänden,
(Stumm, mit mehlbestaubten Händen
Rückt der Wirt die schiefen grade.)

Setzte mich so ganz bescheiden hin
Und vergaß auch nicht sehr laut zu grüßen.
Dennoch ließen Blicke mich leicht büßen,
Daß ich kein Stuttgarter bin.[12]

Auch wenn er kein Stuttgarter war, wurde er am Neckar doch sehr freundlich aufgenommen. Am 8. Dezember 1928 schreibt er an seine geliebte Frau Leonharda, die er Muschelkalk nannte: „Mein liebster Kalk, ich trete hier sehr vornehm auf, verkehre im ersten Hotel; aber das wirkt sich gut aus! Heute spreche ich im Radio. Ja, Stuttgart ist schön, gegen das Scheißmünchen ein Paris."

Ein Jahr später gastierte er wieder in Stuttgart, und wieder schreibt er an seine Frau: „Im Hotel Marquardt bin ich sehr reizend aufgenommen … Bitte sende mir meinen Badeanzug. Es gibt hier ein herrliches Bad, wo man – wie ich voriges Jahr – im Schneegestöber, im Freien warm baden kann, ein Bad, das unterirdisch warme Quellen hat."

Der Schweizer Autor Max Frisch (1911 – 1991) ging im April 1949 nach Gesprächen am Stuttgarter Staatstheater auf den Höhen zwischen Wangener Höhe und Sillenbuch spazieren und schrieb darüber in sein Tagebuch: „Morgenfrühe in einem hohen Wald, Stämme und junges Grün, Glanz der ersten Sonne, ihr gleitendes Glitzern in den Spinnweben, Vogelzwitschern,

Duft von Knospen, das Gras voll Tau, die Luft ist kühl, Brunnenwasser, Bienen um blühende Zweige, Sonntag, Gebrumm eines fernen Geläutes, dann die ersten Morgengänger, die mit der Straßenbahn auf die Höhe gefahren sind, sich mit höflicher Zurückhaltung etwas wundern über meinen schwarzen Anzug und die Lackschuhe und all das ohne Mantel, ohne Hut; endlich die Auskunft, dass die Stadt Stuttgart, deren Gast ich mich nennen darf, gerade in der entgegengesetzten Richtung liege."[13]

Und schließlich weilte auch der Dichter, Romancier und Theaterautor Peter Handke, 1942 im österreichischen Kärnten geboren, in Stuttgart. Und er gehörte nun wieder zu jenen, die sich in der schwäbischen Hauptstadt gar nicht wohl fühlten: „Von allen deutschen Städten, die ich kenne, habe ich mich nur in Stuttgart bedingungslos fehl am Platz gefühlt, und nicht einmal, als ich mit Hermann Lenz über den Killesberg ging, verging meine gesträubte Unbehaglichkeit vor dieser Stadt, während ich doch sonst in fremden Städten nur mit Leuten zusammen zu sein brauche, von denen ich nichts zu befürchten habe, und ich werde auch mit der Gegend einverstanden. Aber in Stuttgart kam – wie Hermann Lenz das nennt – so etwas wie ‚Übereinstimmung‘ nicht zustande. Wo wir auch gingen – es herrschte Villenleben, zugeschnürt und erstickt, weder Stadtwirrwar noch Naturaufatmen, eine hügelige Landschaft von Vorgärten und Naherholungs-Abtritten, wo man Mütter zu ihren Kindern sagen hört: ‚Noch bis zu diesem Strauch dort gehst du bitte, dann trag ich dich!‘, wo Leute in Trainingsanzügen auf den Trimm-Dich-Pfaden plötzlich stoppen und genau vor dem angegebenen Kniebeuge-Piktogramm ihre zehn Kniebeugen machen und weiterrennen."[14]

So viele Autoren, so viele Meinungen über die Schwaben. Das Sowohl-als-auch, das für uns Württemberger so typisch ist, zeigt sich auch in der Wahrnehmung der Betrachter, die von außen kommen. „Dieser verquere (schwäbisch ‚überzwerche‘) Stamm macht es niemandem leicht", schreibt Johannes Poethen, der niederrheinische Dichter (1928–2001), der so lange und, wie er selbst betonte, gerne in Stuttgart gelebt hat. Er porträtierte die Schwaben einst so: „Tüftelnd, abwägend, bedächtig, querköpfig, selbstzweiflerisch bis zur Selbstquälerei, noch im Ästhetischen das Praktische suchend." Man finde bei ihnen „ überhaupt keinen Hang zum dolce far niente, zu opulenten Festen. Selbst die Musen – hier haben sie einen Hang zum durch und durch Soliden."

Der türkische Schriftsteller Yüksel Pazarkaya, geboren 1940 im türkischen Izmir, schrieb 1985: „Die Landschaft, die unebene, das viele Grün sagt zu, besonders bei gutem, strahlendem Wetter. Doch wenn tief hängende Regenwolken den Talkessel zudecken, wird es ringsum finster für den Fremden. Die Stadt schaukelt ihn hin und her zwischen anheimelndem Licht und unheimlichem Dunkel." Also wieder einmal das Sowohl-als-auch.[15]

Peter Härtling, der 1933 in Chemnitz geborene Sachse, der lange schon in Nürtingen lebt, schreibt: „Stuttgart ist eine Provinzstadt, die ab und zu mal mehr ist, das hängt wohl immer von den Leuten ab, die grade da sind. Allerdings besteht die Neigung, dass die Leute, die da sind, niedergebügelt werden. Was gibt's noch? Stäffele."[16]

Seit den 1980er-Jahren hat sich viel getan. Schwaben sieht heute sehr viel weniger so aus, wie Handke oder Härtling es gesehen haben. Vielmehr ähnelt es dem Bild, das der Russe Ilja Ehrenburg einst gezeichnet hat. Wer nach längerer Zeit zurückkehrt ins Land Baden-Württemberg und seine Hauptstadt, wie die beiden Autoren dieses Buches, die lange schon in Berlin leben, stellt fest: Das Land ist weltoffener geworden, das Leben pulsiert, neue Gedanken finden fruchtbaren Boden. Man klammert sich längst nicht mehr ans Altbewährte und sei es eine CDU-geführte Regierung. Stillstand gibt es hier nicht, vielmehr eine ständige Aufbruchstimmung, von der man noch viel erwarten darf.

Ich möchte am liebsten fortgehn und bliebe am liebsten hier

Ade Albert!

Albert beendete seine Deutschlandreise, wie geplant, in der schönen Stadt Ulm an der Donau. Er spazierte an der Stadtmauer entlang und blieb eine Weile gedankenverloren an der Stelle stehen, wo Albrecht Ludwig Berblinger, der Schneider von Ulm (1770–1829), einst ins Wasser gestürzt war, weil er nicht wusste, dass es hier keinen Aufwind gibt. Dann ging er hinunter zur Donau, die an diesem Tag tatsächlich ein klein wenig nach Meer roch. Unter dem Bogen der Herdbrücke hielt er kurz inne und sang laut die erste Zeile von „Muss i denn zum Städtele hinaus", um wie in alten Zeiten dem Echo zu lauschen.

Unterhalb vom Metzgerturm, auf der Donauwiese, saßen ein paar Punks beim Nachmittagsbierchen und hatten schon ähnlich Schlagseite wie das berühmte Schiefe Haus, an dem er kurz darauf vorbeispazierte. Es beherbergt inzwischen ein Hotel und Albert staunte nicht schlecht, als ihm die Wirtin auf seine Nachfrage eines der Zimmer zeigte. Es war tatsächlich beeindruckend schief. „Jetz wollet Sie sicher wisse, ob man in so einem Bett schlafe kann?", deutete sie sein erstauntes Gesicht. Albert nickte schmunzelnd. „Da send Sie ned der oinzige, ond weil unsere Gäschd jedesmal g'fragt hend, ob das Bett auch wirklich grad steht, gibt's an jeder Bettlad eine Wasserwage!" Sie deutete auf eine runde Dosenlibelle am Kopfende, bei der die Luftblase genau in der Mitte stand. „Wie sehr einen doch die Sinne täuschen. Wenn man keine Bezugsgröße mehr hat, erscheint einem plötzlich alles relativ schräg!" Albert verabschiedete sich von der freundlichen Frau und setzte seinen Spaziergang durch die Gassen der Altstadt fort.

Der Duft frischer Kässpätzle stieg ihm in die Nase, als er am Zunfthaus der Schiffleute vorbei Richtung Saumarkt ging. Überall waren kleine Touristengruppen, die unermüdlich die Fachwerkhäuser fotografierten, selbst diejenigen, die gerade zu Sanierungszwecken eingerüstet waren. Da sich das Vaterunsergässle als Sackgasse entpuppte, bog er halb rechts ab, ging durch enge, gepflasterte Wege, vorbei an kleinen Galerien und Boutiquen, und kam an eine der vielen schmalen Brücken, die über die Blau führt. „Willkommen in ihrem neuen Körper" las er erstaunt an einer Fassade, die ein Schönheitsinstitut beherbergt. Er schlenderte am „Wilden Mann" vorbei, der um diese Uhrzeit noch sehr zahm schien, und blieb schließlich eine Weile sinnierend vor der Goldschmiedewerkstatt des Königs von Ulm stehen. An einem der Tische mit dem typischen Lederschurz saß dessen Tochter – Prinzessin Ira –, die kurz von ihrer Arbeit aufsah und Albert freundlich zuwinkte. Er ließ sich von ihr durchs Museum ihres verstorbenen Vaters führen, wo neben dessen Goldschmiedearbeiten auch noch der Umhang, die weißen Handschuhe, die Krone und dessen altes Fahrrad ausgestellt sind. Er unterhielt sich so angeregt mit der jungen Goldschmiedin, dass er um ein Haar den Zug verpasst hätte, der ihn rechtzeitig nach Stuttgart und von da zum Flughafen bringen sollte.

Gerade noch rechtzeitig erreichte Albert sein Flugzeug Richtung New York. Bei klarem Himmel zog die Maschine eine Kurve über Stuttgart und dem Neckartal. Albert spürte ein leises Ziehen in der Herzgrube. Heimweh vielleicht, bevor er seine alte Heimat ganz verlassen hatte? Eine Liedzeile fiel ihm ein: „Ich möchte am liebsten fortgehn und bliebe am liebsten hier." Er lächelte. Es gab ja auch das Gegenteil: „Dahoim sei ond doch Jomer hau", lautete ein alter schwäbischer Satz aus seiner Kindheit in Ulm. Fast gleichzeitig erinnerte er sich an einen Spruch, den er in Berlin aufgeschnappt hatte, ehe er damals Deutschland verlassen musste: „Langsam jetanzt ist ooch jetrauert!" Er lächelte der Stewardess zu, die ihm in diesem Augenblick einen Kaffee servierte. Mehr zu sich selbst sagte er: „Was weiß der Fisch von dem Wasser, in dem er schwimmt?"

„Wie bitte?" Die junge Frau lachte kurz auf.

Albert winkte ab. „Das habe ich vor langer Zeit mal geschrieben." Er nahm einen Schluck Kaffee. „Sie erinnern mich übrigens an jemanden."

„Ach ja?"

„Mhm. Eine junge, sehr hübsche Brezelverkäuferin in Berlin, die nicht auf den Mund gefallen war."

„Na so was!" Wieder lachte sie. „Kann ich sonst noch etwas für Sie tun, wenn Sie irgendwelche Fragen haben …"

„O, ja", unterbrach er sie: „Wissen Sie, früher hatte ich auf jede Frage eine Antwort. Heute habe ich nur noch Fragen. Allerdings habe ich früher schon immer gesagt: ‚Das schönste, was wir erleben können, ist das Geheimnisvolle.'"

Er stellte die leere Kaffeetasse auf das kleine Tablett in den Händen der Stewardess zurück.

„Ja, glauben Sie mir. Es ist so."

Die Stewardess sah ihm leicht befremdet in die Augen. Dann sagte sie auf einmal: „Sie kommen mir irgendwie bekannt vor."

„Ja, das passiert mir gelegentlich", antwortete der freundliche alte Herr. „Aber der, an den Sie denken, lebt schon lange nicht mehr. Nur manchmal schaut er noch mal vorbei, um zu sehen, was sich geändert hat."

„Und?", fragte die Stewardess.

„Heute machen die Menschen andere Fehler als damals. Aber eins ist schön", er wies zum Fenster und auf die kleiner werdende Landschaft hinab. „Dieses Land hat seit beinahe 70 Jahren Frieden. Wann hat es das je gegeben?"

Die junge Frau nickte. „Sie haben Recht. Aber darüber habe ich noch nie nachgedacht."

„Umso besser, wenn der Frieden zur Selbstverständlichkeit wird. Und was ist da ein kleiner Streit, sagen wir, zwischen den Badenern und den Württembergern oder, von mir aus auch zwischen den Berlinern und den Schwaben?"

Anmerkungen

1 Zitiert nach: *Ulrich Kienzle und die Siebzehn Schwaben. Eine Reise zu eigen-willigen Deutschen*, Seite 12, sagas.edition, Stuttgart 2012.

2 Aus: Sebastian Blau: *„So isch noh au wieder …" Seine schönsten schwäbischen Gedichte*, Seite 49, Klöpfer & Meyer, Tübingen 2009. Abgedruckt mit freund-licher Genehmigung der Stadt Rottenburg am Neckar.

3 Angelika Bischoff-Luithlen: *Der Schwabe und die Obrigkeit*, Seite 99f., Kon-rad Theiss Verlag, Stuttgart 1998.

4 Egon Bahr: *Das musst du erzählen – Erinnerungen an Willy Brandt*, Seite 51, Propyläen Verlag, Berlin 2013.

5 Helmut Pfisterer, *Brauchvers*, Seite 55, Silberburg, Tübingen 1989.

6 Aus den Briefen Ferdinand Graf Zeppelins, Zeppelinarchiv Friedrichs-hafen.

7 Thaddäus Troll: *Deutschland deine Schwaben*, Seite 16, Hoffmann und Campe Verlag, 1967, Abdruck mit freundlicher Genehmigung des Silber-burg Verlags, Tübingen.

8 Helmut Gaupp-Turgis: *Der Biedermann,* Ullstein (Berlin), 1934, Seite 155 ff.

9 Aus: Sebastian Blau: *„So isch noh au wieder …" Seine schönsten schwäbischen Gedichte*, Seite 15, Klöpfer & Meyer, Tübingen 2009, Abgedruckt mit freund-licher Genehmigung der Stadt Rottenburg am Neckar.

10 Zitiert nach: Thaddäus Troll, *Preisend mit viel schönen Reden. Deutschland deine Schwaben für Fortgeschrittene,* Seite 35, Hoffmann und Campe Verlag, Hamburg 1972, Abdruck mit freundlicher Genehmigung des Silberburg Verlags, Tübingen.

11 Ilja Ehrenburg, *Visum der Zeit*, übersetzt von Hans Ruoff, Reclam, Leipzig 1992.

12 Joachim Ringelnatz: *Das Gesamtwerk,* Band 2, *Gedichte*, hrsg. von Walter Pape, Berlin 1985.

13 Max Frisch: *Tagebuch 1946–1949*, Seite 252, Suhrkamp Verlag, Frankfurt am Main 1958.

14 Peter Handke: *Tage wie aufgeblasene Eier – Einladung, Hermann Lenz zu lesen*. In: Süddeutsche Zeitung Nr. 296 vom 22./23. Dezember 1973.

15 Yüksel Pazarkaya: *Nachdenken über N. Ein Dichteralphabet für eine Buch-handlung*, Edition Künstlerhaus, Heidelberg 1985.

16 Peter Härtling, Zitat aus: Stuttgarter Nachrichten vom 17. Oktober 1986.

Felix Huby

Bürgerlich Eberhard Hungerbühler, war bis 1979 Journalist, zuletzt sieben Jahre lang beim SPIEGEL. Seit 1979 Freier Schriftsteller. Autor von Kinderbüchern, Kriminalromanen, 34 Fernseh-Tatorten und acht Theaterstücken u. a. *Schwabenblues* und *Georg Elser – Allein gegen Hitler.* Huby ist verheiratet und hat zwei erwachsene Söhne.

Hans Münch

Geboren in Wien, Schulbesuche in Villingen, Calw und Ulm. Studium in Stuttgart und Tübingen, dazu Lastwagenfahrer, Butler, Chauffeur. Schauspielausbildung, zahlreiche Rollen u.a. auch in *Der Entaklemmer* von Thaddäus Troll.

Autor von Büchern, Drehbüchern, Theaterstücken, u. a. Drehbücher *Die Fallers* und Theaterstück *Schwabenhatz* (zusammen mit Ulrike Münch).

Hans Münch ist Vater von drei Kindern. Er hat mit seiner Familie 7 Jahre in einem Dorf auf der Schwäbischen Alb gelebt und saß dort regelmäßig mit den Bauern am Stammtisch.

Bibliografische Informationen der Deutschen Nationalbibliothek
Die Deutsche Nationalbibliothek verzeichnet diese Publikation in der
Deutschen Nationalbibliografie; detaillierte bibliografische Daten sind
im Internet über http://www.dnb.d-nb.de abrufbar.

© 2013 by Chr. Belser Gesellschaft für Verlagsgeschäfte GmbH & Co. KG,
Stuttgart
Redaktion und Lektorat: Dirk Zimmermann M.A.
Projektmanagement: Dirk Zimmermann M.A.
Korrektorat: Erwin Tivig M.A.
Gestaltung und Produktion:
Verlagsbüro Wais & Partner, Stuttgart, Rainer Maucher
Druck und Binden: Print Consult, München

www.belser.de

ISBN 978-3-7630-2655-5